Marie BURLEN

Les Mystères de la Création

ET

LA FIN DU MONDE

DÉVOILÉS

LA MÉTEMPSYCOSE

PARIS

EN VENTE CHEZ L'AUTEUR

39, avenue de Clichy, 39

1897

Les Mystères de la Création

MARIE BURLEN

Les Mystères de la Création

ET

LA FIN DU MONDE

DÉVOILES

LA MÉTEMPSYCOSE

PARIS

EN VENTE CHEZ L'AUTEUR

39, avenue de Clichy, 39

1897

PRÉFACE

Je suis heureuse de pouvoir vous entretenir aujourd'hui, chers lecteurs et chères lectrices, d'un sujet des plus délicats, mais aussi des plus intéressants, concernant « Les mystères de la Création » qui, jusqu'ici, ne furent dévoilés que bien légèrement par nos chercheurs anciens et modernes.

Permettez-moi donc d'écarter peu à peu le voile épais qui les recouvre encore, et vous faire connaître ce que, par un don suprême, il m'a été donné d'apprendre.

Oui ! Quelle sera notre vie perpétuelle depuis notre première existence ? ... Problème insoluble, s'il en fut, et pourtant digne d'être résolu ; car il m'est permis de vous affirmer que notre première existence a été engendrée, puisque la substance progressive vit avant l'homme terrestre qui la reçoit par l'infiltration de sa main droite, laquelle, à son tour, est transmise par succession et forme de la sorte l'être de la

Création, accompli et indépendant de tout ce qui vit.

Et lorsque cet être a vécu en ce monde et arrive vers sa fin, pour s'engendrer de nouveau dans un corps différent du nôtre appelé corps astral, mais qui garde sous la forme ses apparences terrestres et peut ici-bas nous apparaître et disparaître par l'effet de sa propre volonté, cet être, dis-je, ou mieux ce corps, est soumis de nouveau à la lutte et à la souffrance, jusqu'à ce que, purifié de la matière, il obtienne enfin un corps d'une perfection merveilleuse, invulnérable, appelé corps céleste.

Je crois donc ne pas me tromper en disant qu'ils sont légion ceux qui certainement ne demandent pas mieux que d'être renseignés sur leurs vies successives, surtout en ce qui concerne la survivance de l'âme. Cette question, en effet, par son importance, ne peut manquer d'être intéressante pour tout le monde.

C'est certain, notre âme traverse des routes différentes après son départ d'ici-bas, et ce fait engendre de profondes perplexités.

Du reste, l'incertitude qui plane au-dessus de nos têtes ne fait qu'augmenter nos craintes sur le sort qui nous attend après notre mort. Il est donc de notre plus grand intérêt de vouloir connaître quelle sera exactement notre destinée matérielle que nous croyons cachée pour toujours et qui pourtant ne demande qu'un peu de de patience et d'attention pour être connue.

« L'Arc-en-ciel » nous a déjà dévoilé tous les mystères de la destinée humaine par l'explication des lignes de la main. Nous aurons donc un avantage considérable en connaissant de même tout ce qui a trait aux mystères de la création.

Les savants astronomes qui se servent de télescopes pour prédire le temps sont bien écoutés et crus ; pourquoi ne serait-il pas possible de prédire la destinée humaine et de dévoiler son origine en connaissant la progression de l'âme dans ses différents corps ?

INTRODUCTION

En envisageant et en cherchant à connaître les causes de notre destinée, ne vous sentez-vous pas pris de doute au sujet des doctrines et des croyances émises par l'Église en ce qui concerne la résurrection de la chair matérielle ?

Elle prétend connaître ces faits de Dieu et elle affirme que tous les événements qui s'accomplissent, bons ou mauvais, sont les causes d'une liberté entière que chacun de nous possède, entraînant infailliblement le châtiment mérité.

Or, en réfléchissant bien, nous pourrions croire le contraire, car souvent, trop souvent hélas ! malgré l'intelligence et la

patience que nous cherchons à employer
pour vaincre les obstacles qui sillonnent
notre chemin, nous sommes obligés de
nous reconnaître le jouet d'une destinée
invisible, il est vrai, mais qui, l'impitoya-
ble, nous conduit là où nous devons aller
et nous fait faire ce qu'elle veut, et non
ce que nous voulons.

Du reste, remarquez quels efforts ne
devons-nous pas faire parfois pour obtenir même un simple soulagement ! Quels
combats continuels pour arriver à jouir
d'un peu de calme, avoir une réussite
dans nos entreprises ! Le plus courageux
succombe souvent, car le fardeau est au-
dessus de toute force humaine.

Il est évident que c'est l'instinct matériel qui perd le plus souvent l'être humain
et lui procure les causes premières de ses
déceptions en le soumettant aux lois ter-

restres. Voilà précisément d'ou proviennent nos luttes et nos souffrances ! Tous
les subissent, depuis les plus sages, jusqu'aux plus dépourvus de sens moral ; tous
les hommes sont soumis aux mêmes entraînements et aux mêmes déceptions, afin
d'atteindre et de suivre la route des gravitations.

Il est incontestable que notre vie est
réglée d'avance, pleine de peines et d'im-
prévus, et l'ensemble de notre sort imite
en tout point celui de la route du soleil et
de la lune qui nous influencent selon notre
destinée, en joie ou en tristesse ; tout ce
qui vit sur cette terre apporte son influence
qui se propage en nous.

Des inégalités, des controverses de
toutes sortes surgissent à chaque instant
sous nos pas.

Ainsi, combien de désespérés sont heu-

reux de voir arriver l'heure du sommeil
pour pouvoir chercher dans le repos bien-
faisant l'oubli des souffrances, des ennuis,
des injustices qui les accablent continuellement!

Et par contre, combien d'autres bienheureux, dont la destinée leur fut clémente,
préfèrent au contraire voir arriver le jour
pour jouir avec un cœur content de la
lumière du soleil qui remplit de joie et
d'espérance les plus déshérités de la
nature et qui entraîne dans ses délices par
sa lumière éclatante et multicolore la
création tout entière où chaque chose
trouve sa part de joie ; ce qui forme bien
l'équilibre entre tout ce qui est matériel,
et donne la justesse à la balance.

Oui, l'on peut dire avec raison : Que de
choses ne saurions-nous pas si nous pouvions interroger le langage de tout ce qui

vit ; de même si la nature pouvait se faire entendre et comprendre, depuis les astres, les ouragans, les eaux, la terre, les plantes, les minuscules, enfin jusqu'à la plus petite chose qui parle et s'entraîne de concert en harmonie, semblable à un grondement de tonnerre, en répétant sans cesse les gloires de l'homme qui est le maître de l'univers ?

Et de quelle pureté ne sera-t-il pas ce langage, quand l'esprit, dépouillé du corps matériel, suivra ses étapes à travers les sphères mystérieuses ? . . . .

Avis. — Pour compléter la série de mes révélations, je ferai paraître un nouvel ouvrage ayant pour titre : *La Guerre des deux Puissances, le Règne de l'Antéchrist, la Résurrection et le Jugement dernier.*

Les Mystères de la Création

EXISTE-T-IL véritablement quelque chose qui ne soit encore analysé ou réglé d'avance dans la vie terrestre, par une même main créatrice ? Quels sont donc ces côtés surnaturels tellement cachés qui épouvantent les plus savants chercheurs en les mettant dans l'impossibilité de découvrir un tel mystère ?

J'espère pourtant faire pénétrer un rayon de lumière et je ne doute nullement que mes efforts, tendant à faire connaître de si belles et sublimes vérités, ne soient couronnés de succès.

Tout ce qui vit dans la nature terrestre a son commencement et s'enchaîne en harmonie, naturellement, dans ce grand globe créateur. Voilà de quoi faire réfléchir les plus grands philosophes.

2

D'où vient l'être humain, le plus puissant qui existe sous la voûte céleste, et vers quel point tend sa marche?

Certes, pour découvrir d'une façon réelle ces côtés mystérieux, il est indispensable que des êtres intermédiaires puissent se dédoubler et servir ainsi d'auxiliaires entre les vivants et les purs esprits.

La grande question qui intéresse tout le monde, c'est la mort. Où allons-nous?

Existe-t-il véritablement entre le ciel et la terre des êtres vivants qui puissent communiquer aves les morts et savoir ce qui se passe dans l'autre vie?

Les morts peuvent-ils apparaître à ceux d'entre nous qui ont le septième sens développé, en leur dévoilant en partie les secrets de l'Au-delà?

Oui, certainement, car l'homme étant créé pour une vie éternelle, il prend en venant au monde possession de deux corps partiels, l'un comme l'autre : le pre-

mier s'appelle le corps matériel progressif;
le deuxième le corps astral définitif.

En outre, l'être humain peut-il abandonner son enveloppe terrestre pour s'emparer du corps astral lorsqu'il est en état
de sommeil ?

C'est une grande et importante question
à éclaircir. Elle permettra à tous mes lecteurs d'y découvrir les preuves extraordinaires révélées dans cet ouvrage.

Les savants chercheurs des mystères
occultistes, ainsi que bien d'autres personnes, se sont, après de fortes études,
maintes fois posé la question suivante :

« L'homme se substitue-t-il vraiment en
montant à travers les générations animales ou bien à travers les substances
minérales ? Vient-il réellement à travers
ces espèces pour s'élever à son rang de
Maître ? »

Non, certainement ; ces suppositions ne
sont pas approfondies ni étudiées suffisamment ; la clarté y fait défaut. Je dirai
même que c'est une grave erreur de conti-

nuer à admettre et à propager ces croyances parmi l'opinion publique.

Ou bien encore après avoir été l'Être supérieur de la Création, l'homme doit-il rétrograder pour se substituer dans les matières minérales ou animales ? Encore une fois non, l'erreur est absolue.

Supposons que notre Créateur se soit servi de la terre pour créer le premier homme d'après son image, en lui donnant, pour l'animer, son souffle vivificateur, première source de notre existence : pourtant pour conserver notre origine matérielle progressive, il existe un corps astral définitif, même en admettant que l'être ait progressé à travers les générations, en héritant de son corps matériel, et que cette émission se soit régénérée, semblable au grain de blé qui, sitôt l'ancien tombé en état de putréfaction, le nouveau grain se trouve rétabli et propre à une autre floraison, se multipliant et se renouvelant ainsi à chaque nouvelle saison. Ceci s'obtiendrait par le moyen de la métempsycose.

Je dirai même, avec une absolue conviction, que notre corps matériel suit la marche de cette roue terrestre semblable au grain de blé ; mais il s'en faut de beaucoup de cette affirmation à croire que nous sommes nés du végétarisme ou de la race des animaux.

Du reste, tout le prouvera en me lisant attentivement.

Nous sommes tout simplement nés sous la forme corporelle, en traversant les générations, depuis le premier être ayant vécu en ce monde : « Dieu ».

Me voici du reste arrivée au point principal de mon livre : D'où vient l'homme ?

C'est d'après mon inspiration que je puis vous dévoiler, chers lecteurs et chères lectrices, ce mystère si longtemps caché.

J'ai été transportée, pendant mon sommeil en vision, dans un centre de feu ardent d'un rouge des plus vifs, et où se

trouvait placé, tout à côté, un immense
globe de forme ovale. Celui-ci était rempli
d'eau claire, et posé sur un pied transpa-
rent comme un verre en cristal.

Le commencement de cette construction
existe à l'époque de la nouvelle lune. Ce
globe est rempli alors, une fois par mois,
d'une eau claire et limpide, froide et calme
au début; mais au fur et à mesure qu'elle
séjourne dans ce globe, auprès de ce
foyer de feu ardent, sa clarté commence à
disparaître, et c'est à ce moment-là que
nous pouvons distinguer très bien le visage
de l'homme vivant sur notre terre. Ensuite,
vers la fin de la lune, lorsque l'œuvre de
la création est presque achevée, des ébul-
litions formidables commencent à se produire ; mais au moment de la pleine lune,
la main du Créateur envoie ses rayons
qui brisent, par leurs effets, ce globe :
c'est alors que l'obscurité commence à
régner, tandis que le contenu se trouve
répandu sur la terre, comme une pluie
torrentielle.

A la suite de cet événement, la construction de la nouvelle lune s'opère ; car ce globe, quoique invisible au commencement, est entier et rond, comme il nous apparaît à sa fin ; seulement la clarté de la substance empêche ce dernier d'être visible pour nous à ce moment-là.

C'est à cette époque de la lune qu'un homme, ayant passé l'âge de son enfance, me fut montré debout, la main droite tendue au ciel, recevant la substance créatrice qui s'incorpore en lui, dans chacun de ses cinq doigts, par l'infiltration, dans son corps, des rayons de fluide, invisibles aux yeux humains.

Notre premier état est donc en vérité une substance de fluides qui s'échappe de la main du Créateur.

Le deuxième état est celui qui s'infiltre et vit à son tour en astral lunaire, d'où vient l'image de l'homme.

Le troisième état est celui qui est engendré dans le corps de l'homme.

Le quatrième état est celui qui vit par la conception maternelle.

Le cinquième état devient le corps matériel, en chair et en os, qui nous laisse la liberté de nos actions temporaires.

Le sixième état de l'âme retourne en astral pour continuer sa course en gravitations.

Le septième corps, ou état de l'âme, peut arriver à la pureté parfaite et obtenir un corps céleste.

Enfin un huitième et un neuvième état d'âme sont distribués à des êtres imparfaits, qui descendront toujours de plus en plus bas.

Ce qu'il y a de remarquable dans les phénomènes concernant la nouvelle lune, c'est qu'il nous serait possible de voir, d'une manière très sensible, la mer diminuer à ce moment-là, comme pour remplir ce globe mystérieux.

Du reste l'enfantement suit en tous points les quartiers de la lune; sa durée est réglée d'après celle-ci.

Voici un autre phénomène non moins intéressant.

Regardez la lune au moment où elle va être cachée par des nuages ; ceux-ci paraissent beaucoup plus hauts que la lune, sa marche semble plus rapide, et en sortant de dessous les nuages, après cette course vertigineuse, elle semble plus grosse.

De même, vous avez peut-être ressenti quelquefois, ce que certaines personnes éprouvent toujours, un certain abattement avant l'arrivée de la pluie. L'éloignement qui nous sépare de l'endroit où les nuages se forment explique ce phénomène ; car bien que le soleil attire l'eau de la mer, celle-ci se dirige, malgré tout, en partie voulue, pour remplir la lune, en formant des brouillards dans l'espace, pour être déversée ensuite sur les vivants, en nous communiquant son influence.

Du reste, l'autopsie médicale et les recherches en médecine prouvent surabondamment que le quart seulement des subs-

tances de notre corps est du sang, tandis
que le reste est de l'eau.

Je citerai d'autres phénomènes plus
particulièrement intéressants, puisque je
me propo-e de vous dévoiler comment le
premier être vint au monde.

Oui ! comment a été créé le genre humain, au moment où les ténèbres furent
chassées par la lumière, où tous les aspects
du mystère prirent une réalité nouvelle et
à l'époque où Satan précipité obtint un sur-
sis avant sa fin définitive par un commun
accord qui lui attribua une part des âmes
vivant sur terre, jusqu'à la fin du monde ;
car vous le savez, devront faire partie de
son règne ceux qui auront succombé dans
les joies et plaisirs malsains.

Ce mystère caché, impénétrable, inexplicable jusqu'à nos jours, me fut pourtant
révélé. Je le trouve si grand, si puissant,
que tout genou doit fléchir devant lui.

Certes, on peut s'interroger avec raison et se demander : Quelle est la cause
de notre vie ? Et quel sera notre avenir

lorsque ce corps matériel sera déposé dans
le tombeau, et qu'enfin l'âme, séparée de
sa prison terrestre, pourra respirer l'infiniment grand, comme récompense des
luttes pour la vie ?

J'ai assisté aux préparatifs qui eurent
lieu avant la cérémonie de la création de
l'homme. J'en suis encore aujourd'hui
tout émotionnée !...

J'ai contemplé les êtres en chair humaine, tels que nous sommes actuellement,
mais inertes et sans vie. Il y avait trois
créatures du sexe féminin, vêtues de blanc,
couchées sur des lits de feuillages, resplen-
dissant d'une blancheur immaculée. C'était
la droite.

Pourtant une de ces trois créatures,
séparée des deux autres, ne fut point
appelée à la vie ; elle était le symbole de
la mort.

De l'autre côté, étaient placées deux autres créatures, du sexe féminin également,
vêtues de blanc aussi bien que les précé-

dentes, et couvertes entièrement jusqu'à
la gorge. C'était la gauche.

Ces cinq créatures furent réunies dans
une même pièce ; alors commença la cérémonie du mystère de la création !...

Je vis trois Maîtres Créateurs marchant
à égale distance l'un de l'autre, dans la
même direction, ressemblant ainsi aux
trois brillantes étoiles du firmament.

Ils représentaient l'emblème vivant de
leur trinité et de leur unité. Arrivés au
pied des lits de la droite ils s'arrêtèrent.

Deux d'entre eux étaient porteurs d'immenses cierges en cire sur lesquels furent
placés des globes d'une puissance de
lumière telle que l'univers entier pouvait
être éclairé.

Le troisième Créateur était porteur d'une
grande perche en bois qui laissait voir à
un endroit le commencement d'un métal
ayant la couleur de l'argent et figurait,
tout à l'extrémité, une croix avec un
homme crucifié dessus.

Les trois maîtres de l'univers entou-

raient cette perche de leurs mains. Leurs
gestes et leurs mouvements étaient semblables à nos habitudes terrestres.

Ensuite, je vis que le premier globe
était un foyer de feu ardent représentant
le soleil, et d'où s'échappa une parcelle de
feu qui entra dans la bouche des êtres
présents pour s'incarner, en animant
leurs corps.

Le deuxième Créateur laissait échapper
de son globe lumineux une quantité extraordinaire de gouttelettes d'eau claire qui
s'infiltrait, semblable à une chaînette inin-
terrompue, en se dirigeant dans les corps
présents.

C'était merveilleux à contempler.

Ce globe, chers lecteurs, n'était rien
autre que la lune !.....

Le troisième Créateur versait son sang
mélangé d'eau, et sa chair était meurtrie,
déchirée, semblant s'unir en un même
faisceau, se dirigeant dans le corps des
créatures comme pour les préparer à la
lutte terrestre.

Aussitôt ces trois mélanges prêts et unis à la chair inerte, deux corps se soulevèrent, les coudes appuyés, écoutant la sentence de leur destinée.

A ce moment-là un seul homme, éloigné des trois Maîtres, était debout, la main droite tendue vers la lumière, et je vis le feu s'infiltrer en lui, semblable à un courant électrique.

Solennellement il prononça le serment de rester avec la droite, en prenant l'engagement de protéger sa femme et ses enfants contre tous les dangers pouvant les atteindre. Il fit quelques pas en avant vers celle qui lui était destinée et, posant sa main dans la sienne, il lui jura fidélité, en regardant respectueusement le Maître.

Ainsi s'unissait devant Dieu le genre humain, recevant comme enseignement la multiplication et la croissance à travers les générations.

Pendant que s'échangeait un tel serment, en présence des trois Maîtres de l'Univers, le visage de la créature de la droite restait calme, résigné, soumis à la volonté suprême de Celui qui la créa.

Elle vit le sang couler d'un Maître, l'eau d'un globe lumineux, et le feu s'échapper d'un second globe d'une lumière d'une puissance et d'un éclat sans pareils.

Ce dernier promettait la lumière éclatante, la paix sans trouble à tous ceux qui porteront avec résignation la croix.

A ce moment les trois Maîtres désignèrent la créature qui n'avait pas été réveillée ; elle était complètement enveloppée de son drap mortuaire. J'entendis alors une voix qui disait : « Accomplis ton devoir ; quand ton âme sera pure, ta demeure sera auprès de moi, couronnée d'une gloire impérissable, et quand ton corps sera devenu semblable à cette morte, ton âme verra avec bonheur qu'elle a été transformée dans la lumière. »

Les deux êtres présents de la droite jurèrent sur un même ton d'obéir et de se souvenir que la route de la vie était semée d'épines.

A la suite de cette cérémonie, les trois Créateurs disparurent en envoyant la vie et en bénissant tout sur leur parcours.

Pourtant, les deux créatures du sexe féminin de la gauche ne furent point troublées, car elles aussi étaient là, dont une d'elles les coudes appuyés ; mais cette dernière ne voulut rien entendre et ne regardait la cérémonie qu'avec distraction.

La créature inanimée la laissait indifférente ; elle murmurait : « Oui, c'est certain, elle est morte ; on voit ces choses continuellement », et elle riait de grand cœur, en prenant à l'avance le plaisir où elle le trouvait. Son visage restait dur, insensible pour la souffrance de la droite.

Elle était séduisante, respirait le bonheur, la richesse. Elle ne fut point troublée par les Créateurs ; elle n'aurait du reste pas voulu les écouter.

Un autre génie la tentait : « Satan », dont elle en était la proie. Je le vis représenté à la tête de son lit par trois immenses et gros serpents, complètement roulés

l'un dans l'autre, et enfermés dans un
trou noir, trop étroit pour pouvoir respirer librement et permettre de faire le
moindre mouvement. Ils étaient percés
par des lames terribles et meurtrières
qui les traversaient de part en part et
livrés à eux seuls, sans défense et sans
espoir.

Le son de l'horloge paraissait dire exactement ces paroles : « Voilà le sort qui
attend ceux qui n'écoutent que la voix de
Lucifer ; ils souffriront éternellement par
où ils ont péché, et des tortures inimaginables leur sont réservées !......

Ce phénomène ressemble en tous points
aux trois brillantes étoiles du firmament,
et aux trois autres sans force, dont l'une
principalement, paraissant presque invisible par moments, fait penser à l'agonie
de quelqu'un qui se meurt ; mais si faibles
soient-elles, ces étoiles, elles ne cessent
d'exister.

De même, le noir tentateur qui espère

toujours être là au bon moment pour nous éloigner du droit chemin.

Notre Maître universel nous créa tous en état de blancheur immaculée; c'est à nous de choisir la route remplie d'épines qui conduit au salut éternel, ou celle sans obstacles qui suit une pente et mène à une perte irréparable.

Les quatre lits dont je parlais plus haut représentent la figure d'Ève et de son double, Élisabeth; de Proserpine et de son double, Luciférienne; ces lits sont également la figure des deux épouses de Jacob, père des générations juives et aussi des deux servantes; ils renferment, en même temps, un autre mystère.

Le premier fut celui de la Création du monde; le deuxième, l'avènement de la victime expiatoire ; le troisième indique le règne de l'Antéchrist; le quatrième présage le dernier avènement du Christ, la Résurrection et le Jugement dernier.

Ainsi les quatre quartiers lunaires s'expliquent.

Pour conclure, j'ajouterai que Lucifer, père et fils, accompagnés de Luciférienne, forment la trinité malfaisante ; cette créature reviendra afin d'assister à la fin dernière pour enfanter l'adversaire du Christ.

Je dois ajouter qu'il me fut donné ensuite d'apercevoir que la femme de la gauche s'éloigna avec Lucifer, tandis qu'Adam et Ève se mettaient à la recherche de la nourriture, car la faim commença avec la vie !....

Pourtant nos parents de la première création auraient pu être plus heureux que nous ; ce fut seulement à la deuxième création qu'ils reçurent le pain d'en haut, se nourrissant de la chair crue d'animaux qui se trouvait à la portée de leurs mains.

Hélas ! époque de médisance où chacun voulait commander et personne obéir, elle aurait pu être bénie, pourtant chacun se levait contre le Maître selon son gré ; il fallait songer à se battre.

Naturellement un désaccord si grand

ne pouvait durer et il fallut songer à mesurer ses forces, à cultiver la terre et extraire les mauvaises herbes, afin d'obtenir les meilleures récoltes possibles ; suivre en un mot les commandements de la loi du Maître d'origine.

Je le répète : combien de fois n'a-t-on pas cherché à savoir comment notre corps humain avait pu être créé ; par quel miracle il était animé ; quel mécanisme le faisait vivre et pourquoi après un plus ou moins grand nombre d'années, il se refroidissait en mourant.

Toutes les apparances disaient aux incrédules : « Il n'y a vraiment rien ; le tout finit bien une fois pour toutes, sans résurrection de ceci ou de cela. Profitons du bon temps et du soleil pendant qu'il nous éclaire. Nous verrons après, inutile de chercher à découvrir cette énigme. »

Hélas ! erreur complète ; car, croyez-vous que la nourriture soit suffisante pour maintenir le corps en vie, en fournissant la quantité de sang voulu ?

Comment vivrions-nous sans cette
flamme de feu qui s'engendre par la bouche,
cause principale de notre chaleur ? Elle est
en vérité une substance surnaturelle, impérissable, puisqu'elle représente notre
âme qui vient du Créateur ; mais, arrivés
à la fin de notre route et appelés à quitter
cette terre, l'esprit s'échappe et livre le
corps à la froideur, à la poussière. Du reste,
le râle est bien une preuve que notre
esprit s'échappe des lèvres mêmes, et
laisse ainsi notre corps, avec son dernier
souffle, dans un état de froideur et de
rigidité cadavériques.

Dans tout ce que j'ai dit et dans tout ce
qu'il me reste à dire, je prie mes lecteurs
de bien vouloir croire que je ne cherche à
tromper personne ; c'est le récit exact de
mes visions, qui ne me trompent jamais,
et que je suis heureuse de divulguer dans
l'intérêt et le bien communs.

J'espère que certains faits permettront
aux savants de pousser les recherches et

d'arriver à des résultats inespérés jusqu'à
nos jours.

De même, j'ose croire que les incrédules
ne trouveront plus les arguments d'autre-
fois pour combattre la continuation et la
progression de l'âme, car ce qui fut jusqu'ici dans le plus profond néant, vient de
surgir à une nouvelle aurore.

Nous sommes appelés à lutter ensemble
et à avoir pitié réciproquement de nos fai-
blesses ; notre vie suit une même pente,
notre origine vient du même Créateur.

La lune représente notre mère à tous,
car elle engendre la substance créatrice,
et le soleil la demeure réservée à ceux qui
n'auront pas failli à leur devoir d'hon-
nête homme.

Vous, les incrédules qui niez l'existence
d'un Maître souverain, en préférant la
libre-pensée, n'aimez-vous point la
lumière du jour, le soleil, cet astre par
excellence qui réchauffe vos membres en-
doloris, leur donnant la souplesse et
l'élégance ?

Et les fruits, les mets succulents ne tentent-ils point votre palais ?

N'aimez-vous pas la jouissance procurée par tout ce qu'il vous est donné d'avoir ?

Ne trouvez-vous pas que l'affliction du cœur se dissipe en aimant et en étant aimés ?

Eh bien ! vous ne saviez pas que les adorations et les préférences que vous manifestiez tendent toutes vers un même Créateur et que vous l'adorez sans le vouloir et sans le connaître !

Tous les êtres, sans exception, adorent le Seigneur, et son écho est un murmure délicieux ! *

---

* Une question importante reste à être éclaircie, en ce qui concerne l'agglomération astrale, dont j'espère tenir le fin mot, afin de le livrer ensuite à la connaissance générale.

Le Langage de la Création

Qui a inventé le parfum des roses, la reine des fleurs par excellence? Qui a sauvegardé leurs tiges en les parsemant d'épines ?

Qui a planté les arbres remplis de fruits, étalant leurs branches majestueuses?

Qui a crée le soleil, la lune et les étoiles, ces astres pleins de merveilles ?

Qui encore donne le pardon aux méchants, les associant aux festins futurs?

C'est l'Éternel, qui a pour demeure le soleil et le cœur des âmes pures.

Demandez aussi à l'étoile : Que faites-vous là-haut?

Elle vous répondra : Je suis créée pour surveiller et rendre compte de vos actions.

Demandez-lui encore: Pourquoi changez-vous de place ?

Elle répondra: Je vais m'acquitter envers

Dieu du droit que j'ai sur chaque âme qui vient de quitter la terre.

Ne voyez-vous pas que notre course effrénée ressemble au souffle humain qui quitte le corps?

En somme, qui a inventé tout ce qui vit?

C'est le Seigneur, notre maître à tous, grands et petits, pauvres et riches.

L'Origine de l'âme

UE fait-elle cette précieuse parcelle qui anime notre corps ? Existe-t-il un mécanisme construit avec plus d'art que notre corps ?

Dès l'origine de la création de l'être humain, une triple merveille s'accomplit :

D'abord, voyez le fluide du Maître Tout-Puissant qui dirige ses rayons vers la lune ; le système planétaire en reçoit l'influence. Ce fluide pénètre ensuite dans l'homme par sa main droite. Comme on le voit, les âmes sortent de la main du Créateur et sont l'ouvrage de sa propre volonté.

La substance terrestre n'est en somme que poussière ; elle prend vie dès que l'âme s'approche et qu'elle commence à se former. Le corps astral est le double du corps humain, il reçoit l'âme, lorsque, sur un signe de Dieu, elle abandonne l'enveloppe terrestre.

Où es-tu, matérialiste ? Viens donc contredire ma version. Tu prétends ne croire à rien ; mais peux-tu nier l'existence de ton corps ? Envisage tes membres, contemple les cieux, regarde la mer ; enfin examine bien tout ce qui existe.

Eh bien ! Oseras-tu encore, dans l'avenir, prétendre que ces choses ne sont rien ? Oh ! ton audace serait sans pareille, et l'homme intelligent et sensé ne pourrait pas t'écouter sans te plaindre.

Voyons ; si tes arguments étaient vrais, et que réellement tu sois toi-même ton créateur, pourquoi n'inventes-tu pas de nouvelles plantes ? Pourquoi ne mets-tu pas d'ailes à ton corps ?

Tu prétends, en outre, être au-dessus de toute chose, mais, si telle était ta puissance, pourquoi ne trouves-tu pas le moyen d'échapper à tous les écueils semés sur ta route ? Ils sont pourtant nombreux et parfois bien difficiles à franchir.

« Je ne crois à rien » !... Voilà tout ce que tu sais dire. Si encore tu pouvais créer seulement une race d'animaux, je m'inclinerais tant soit peu vers toi ; mais rien, rien, si ce n'est mensonges, intrigues, toutes les vilenies possibles, en somme, que Lucifer peut t'inspirer.

Ton rôle d'athée te rend aussi très sévère à l'égard du croyant, et tu voudrais enlever toute foi au monde. Mais puisque tu as l'épiderme si délicat, pourquoi acceptes-tu, par exemple, une place de magistrat ? Ne sais-tu donc pas qu'il y a en France beaucoup plus de contribuables chrétiens qui les payent, que d'autres ?

Peux-tu me prouver le contraire ?

Ah ! vains sont tes efforts et injustes tes prétentions !

J'affirme, de même, qu'un homme ne peut prétendre d'être un savant si, parce qu'il ne lui est pas donné de connaître et d'approfondir les mystères qui nous environnent, il nie l'existence d'un Être Suprême, et des merveilles qu'il a créées !

Certes, il n'est pas permis à tout le monde d'être en communication avec les habitants de l'Au-delà, et de connaître leur existence !

Je vais vous citer un exemple vous démontrant encore la beauté et la puissance de certains mystères.

Imaginez-vous de me voir traverser une cour où plusieurs corps morts se trouvent couchés par terre.

L'étincelle, qui est l'âme, pénètre dans le premier corps qui se lève, sourit, fait un pas en avant et marche. Il continue à se mouvoir, lève son bras, ouvre ses yeux, agite ses paupières, sa voix fait « Ah ! hi... », il parle.

Chers lecteurs, parce que ces choses vous sont connues, vous n'y prêtez plus aucune attention ; mais elles n'en sont pas moins merveilleuses ; rien n'est plus sublime que le corps humain.

Les sceptiques pourront penser : mais puisque les animaux ont du sang comme nous, ils doivent, eux aussi, avoir une âme. Non, vous dis-je ; l'âme, c'est la voix, elle est immortelle : tout ce qui orne la terre est appelé à périr, l'âme seule survivra ! C'est le feu qui brûle, sans jamais se consumer.

Pouvez-vous m'entretenir d'un sujet qui soit plus digne d'être étudié dans ses moindres détails, que celui concernant notre âme ? Laissez-vous fléchir un instant dans vos haines réciproques et envisagez l'amour du Créateur à notre égard. Lui seul est notre vrai Père et la source de tout ce qui existe.

Permettez-moi de vous citer encore le passage suivant, afin de vous démontrer comment j'eus le bonheur d'entendre un jour Sa voix : Je venais d'être victime d'intrigues de toutes sortes ; très ennuyée je me disais en moi-même : « A quoi sert donc la prière, puisque plus j'adore Dieu, plus les méchants s'acharnent contre moi, me dépouillant et n'ayant d'autre envie que de me déshonorer. »

Mais la voix divine s'empressa de me

dire : « Tu crois donc que je t'ai aban-
donnée parce que tu souffres injustement ?
Ah ! si tu savais combien ta peine m'af-
flige et combien je souffre d'être privé de
la vue de ton âme, et tu veux me quitter ?

« Je vois avec peine que tu as maudit
une femme qui a servi la trahison dont tu
es la victime ; tu veux que son âme périsse
et pourtant je t'ai vue un jour ramasser
une cage d'oiseaux tombée dans la cour.
Tu voulais sauver leur vie et tu veux que
je perde cette âme ? »

Je répondis : « Oh ! une de plus ou de
moins, il en restera toujours assez. »

Mais la voix de Dieu ajouta : « Vois-tu
cette croix ? Il est mort pour sauver les
méchants, et il en existe cent mille dans
les mêmes conditions. Faut-il les perdre ?
Que faut-il faire ? »

« Cent mille ! répondis-je ; non, je ne
veux pas que toutes ces âmes soient per-
dues ; mais la justice réclame un châtiment sévère. »

Ainsi vous voyez, chers lecteurs, que

même les personnes qui commettent des trahisons et favorisent des intrigues de toutes sortes sont l'objet constant de prières ardentes, et les anges gardiens se prosternent sans cesse devant leur Maître pour demander miséricorde et pardon.

Il est donc écrit de se pardonner les uns et les autres avant de passer devant le tribunal divin, mais le châtiment attend ensuite le coupable qui souffrira cruellement jusqu'à parfaite pureté de son âme.

Ah! en réalité, combien notre âme est précieuse, et que devrions-nous faire ici-bas pour lui donner une des meilleures places dévolues pour l'éternité !

Soyez donc heureux de pouvoir connaître de tels mystères, par la révélation de ce qui m'est arrivé; car nulle intelligence humaine n'aurait pu les découvrir sans la volonté d'en haut.

J'ai entendu souvent dire que le sang était la cause du fonctionnement du corps humain, permettant l'action et le mouvement.

Encore une fois, comment pourrait-il fonctionner sans feu, puisqu'il est comme de la glace après la mort ? Oui, c'est l'âme qui exhale le dernier soupir et qui anéantit toutes nos facultés en nous quittant.

L'âme est un livre ouvert à tout le monde : lorsqu'elle est gaie, le visage est joyeux ; triste, l'abattement le rend morne. Lorsqu'elle souffre, le corps entier est secoué ; les sons qui sortent de notre gorge sont l'effet de sa propre volonté ; nos actions sentimentales proviennent de ses élans ; c'est elle, en somme, qui est l'arbitre suprême de notre propre corps.

Comme on peut donc le voir, celui-ci n'est rien par lui-même ; c'est l'âme seule, cette étincelle, ce feu, qui accomplit tout par sa pensée.

Lorsque le Créateur étend sa main, l'âme quitte le corps et pas avant. Nulle personne au monde ne peut dévier de sa destinée pour abandonner plus tôt ou plus tard l'espace terrestre.

Nos jours sont comptés, nous n'avons qu'à nous soumettre.

Le corps astral est, je le répète, créé en même temps que l'âme et le corps humain. Il représente, en quelque sorte, le poids de la balance indiquant nos bonnes et nos mauvaises actions. Et lorsqu'il est noir, au moment de notre mort, à force d'avoir commis des péchés, il faut arriver à le purifier entièrement. Or, ce nettoyage procure les plus terribles souffrances qu'il soit possible d'imaginer.

Ne croyez pas pouvoir arriver, par un subterfuge quelconque, à échapper à de tels supplices !

Non, l'œil du Seigneur vous verra et vous obligera à rendre ce qu'il vous a prêté en naissant. Malheur à vous, si vous n'avez pas fait participer le pauvre à vos richesses !!...

Mais toi, corps astral, qui t'es purifié sur cette terre en méprisant les richesses, les flatteries, en un mot tout ce qui déplaisait à ton Maître, ne crains rien. Sa voix te dira : « Tu n'as connu que ton devoir, viens t'asseoir dans l'abondance. »

Et toi, méchant, tu crieras sans cesse : « J'ai eu, il est vrai, sur la terre, tout ce que je voulais : richesses, plaisirs, habits luxueux; mais ces biens éphémères, à quoi m'ont-ils conduit? A souffrir éperdument; à avoir faim et soif comme châtiment de ma gourmandise, et à être d'une laideur repoussante. Oh ! si je pouvais recommencer mon existence!!... »

Chers lecteurs, avant de finir mon chapitre sur l'âme, je désire vous faire la description du lieu béni que je vis en vision : le Sanctuaire.

En cet endroit sont réunis les corps célestes et les âmes qui ont bravé courageusement les épreuves terrestres et foulé aux pieds les richesses et les tentations de Lucifer. Oh! lieu divin, dans ton sein s'accomplissent des merveilles !!...

Oui, il est vieux, ce Sanctuaire. Depuis

des siècles d'éternité il est construit. On
pourrait croire un moment à son effondre-
ment. Erreur absolue ! Rien n'est compa-
rable à sa construction, et jamais il ne
s'ébranlera. C'est la résidence des Dieux et
la demeure du Père immortel, le grand
des grands Dieux !'!...

Vous vous demanderez peut-être : Mais
que peut-il y avoir de si beau dans ce lieu
sacré ?

Eh bien ! figurez-vous de voir une tour
immense, entièrement composée de dia-
mants, formant des dessins d'une beauté
incomparable. Au milieu apparaît une
lumière divine, éblouissante. Le parterre
n'est que miroir à reflets saisissants. Tout
respire le contentement. La joie se manifeste aussi bruyamment que la foudre. On
savoure, en un mot, l'orage de la joie !

Les corps des anges sont merveilleux.
Leurs moindres désirs s'accomplissent
instantanémment. Ce lieu que nul œil
humain ne peut contempler, je pus le voir
en vision. Ne croyez pas qu'elles soient

chimériques ; non, de chacune d'elles je
conserve le plus doux souvenir. L'âme
qui a entrevu ces espaces célestes, n'a plus
qu'un désir : en faire la conquête, et dire
aux autres : Venez avec moi.

J'ai également admiré les ornements de
cet endroit divin. Ils consistent en l'ins-
cription des grands saints, pareils aux
petits marbres des églises, annonçant les
remerciements pour telle ou telle grâce
obtenue.

Voici ce que j'ai vu le 8 septembre 1896,
jour de la Nativité de la Vierge :

L'aube commençait à poindre à l'hori-
zon. Tout à coup je fus réveillée, et j'entendis ces mots : « Tu vois, tes visions ne
sont pas le résultat de rêves, tu es bien
réveillée. »

En effet, je vis un ange, sous la forme
de flammes ; mais à peine aperçu, il s'ef-
faça, craignant de m'effrayer. Je le rappelai
en lui disant : « Restez, je n'ai pas peur de
vous, dites et faites-moi voir ce que vous
devez. »

Il apparut à nouveau, me frappa d'une sorte de double corps et me transporta au ciel. Arrivé au seuil de la porte, il me dit : « On t'attend ».

J'aperçus alors une lumière tellement éclatante s'échapper de Dieu qu'il ne me fut pas possible de le voir. Un orchestre fit retentir des airs les plus variés et les plus mélodieux, accompagnés de la voix des anges. Oh! ces voix, une surtout!!... Celle de Dieu !!! Quelle était belle !...

L'espace était rempli d'une couleur claire verdâtre imitant nos feux de bengale. C'était féerique.

Je vis au-dessus le char de la Vierge, imitant un petit trône de circonstance. Il fit trois fois le tour de l'assemblée. Quatre anges voulurent le suivre ; mais, malgré leur extrême vitesse, ils ne purent faire qu'un demi-tour, pendant que le char de la Vierge faisait trois tours !...

Les anges sont transportés naturellement, sans efforts, d'un bout à l'autre de l'endroit où ils veulent aller. Leurs désirs sont immédiatement exaucés.

J'ai assisté aussi à trois morceaux de musique, et c'est pendant que je jouissais d'une telle mélodie que Dieu me parla en s'exprimant ainsi :

« Lililile, tout ce que tu voudras, je le ferai accomplir ; et ce que tu annonceras, malgré que telle ou telle chose ne serait pas écrite, je le ferai exécuter. »

Ah ! c'est bien à regret, hélas ! qu'il me fallut quitter ce saint lieu. En sortant, pourtant, j'assistai à un nouveau spectacle : quelques anges du ciel furent attirés par les appels réitérés des damnés de leur famille. Savez-vous, chers lecteurs, quelle fut leur réponse ? J'entendis ces mots : « Tu vois, je te l'avais bien dit, tu n'as pas voulu m'écouter ; je ne puis te venir en aide. » Et tournant le dos ils les laissaient se débattre dans les plus cruelles souffrances. Quel contraste ! Unis sur terre, la justice divine les séparait au ciel, et tandis que les uns jouissaient des délices incomparables, les autres brûlaient sans cesse, et sans espoir de jours meilleurs !

Voilà pourquoi il faut toujours se rappeler que ceux qui travaillent à leur propre salut et à celui des leurs, seront largement récompensés ; mais ceux qui pendant leur vie jouissent d'un bien-être constant, auront des comptes à rendre à leur Maître. Ils en sont les créanciers, et ce n'est qu'à titre de prêt, et pour les éprouver, que la richesse leur est donnée. Certes, il ne s'agit pas seulement de recevoir, en venant au monde, tels ou tels biens sans en distribuer aux besogneux. Celui qui n'aura pas aidé son prochain, sera châtié impitoyablement. Personne ne devrait se prétendre le Maître ici-bas, et se croire supérieur à cause de l'argent qu'il peut posséder. Tous, au contraire, nous devrions amasser de l'huile pour l'entretien constant de notre lampe, et employer nos biens terrestres en vue de l'accomplissement d'une volonté souveraine.

La prudence et la prévoyance sont une

garantie contre les attaques du démon.
Regardons bien, avant de faire un pas, où
notre pied va se poser.

En agissant ainsi, le danger est visible,
et le salut assuré.

Ayons toujours présent à la mémoire le
mot « Éternité ».

Comment les esprits présagent
les événements

Ici je me propose de donner quelques explications afin de pouvoir dévoiler, d'après mes observations, comment les phénomènes de notre destinée doivent forcément s'accomplir, depuis le commencement de notre vie jusqu'à sa fin, en se suivant successivement dans leurs entraînements.

Ces développements auront pour but spécial de faire entrevoir les mystères d'outre-tombe.

Voici l'exposé de mes études concernant les présages de notre route terrestre.

Je puis distinguer et voir ce qui suit: chaque être depuis sa naissance jusqu'à sa mort est accompagné et suivi constamment par trois sortes d'esprits qui le conduisent, le dominent et le forcent de se soumettre aux événements qui lui sont ordonnés d'accomplir, en l'obligeant d'aller où il doit, lui faisant ainsi, sans qu'il s'en doute, exécuter tout ce qui est écrit sur sa main, premier organe qui reçoit l'influence planétaire.

Subissent ensuite le même sort l'expression du regard, les signes imprimés dans le cœur et au cerveau, dans la démarche, l'allure, le geste, enfin dans toute la personne.

Je tiens à faire remarquer que quelque extraordinaire et inexplicable que puisse paraître mon ouvrage à la plupart de mes lecteurs, les faits que je relate, en toute conscience, sans subterfuge, sans exagération, tels qu'il m'a été donné de les voir, sont la vérité la plus pure, et la preuve manifeste de choses divines et merveilleuses, inconnues jusqu'ici.

Les esprits sont divisés en trois catégories et peuvent apparaître sous des couleurs différentes.

Seulement ils ne peuvent se manifester qu'à certains êtres d'entre nous ayant l'âme pure, accomplissant l'œuvre de la justice sur terre, et appelés à remplir une mission, incarnée en eux-mêmes, avant leur naissance d'ici-bas. Voilà pourquoi peu sont les élus, et qu'un tel mystère mérite d'être dévoilé clairement et connu universellement.

Nous sommes continuellement observés dans nos mouvements, dans nos actions, dans nos désirs, nos joies et nos tristesses par les esprits.

Ils n'ont point de forme précise, leur corps est invisible pour la généralité du monde, si ce n'est, comme je l'expliquais plus haut, pour ceux qui peuvent très bien les voir à chaque instant du jour, et obtenir la nuit des visions, révélant par leurs moyens les choses les plus véridiques et les plus extraordinaires.

Voici leurs divisions et leurs couleurs :

Le premier, parmi tous les esprits, ressemble, en le voyant, à une flamme de feu, répandant une lumière divine et des plus éclatantes ; il possède la toute-puissance au ciel et sur la terre, après le Maître Créateur, qu'il remplace parmi les vivants.

Le deuxième esprit possède aux yeux des voyants la couleur la plus blanche, la plus immaculée que l'on puisse rêver ; il a un pouvoir sans limite et il peut protéger et aider, par ses bonnes inspirations, les âmes qui se recommandent à lui avec confiance. Il est l'intermédiaire entre les purs corps célestes et les vivants ; son action est bienfaisante ; avec lui le calme et la confiance ne nous abandonnent jamais.

Le troisième esprit est horriblement noir, il est le maître absolu des mauvaises actions. Il s'acharne traîtreusement sur l'être humain, surtout sur ceux qui doivent accomplir des missions divines sur terre ; il travaille constamment à l'anéantissement de leur œuvre, de leur but, causant à ces pauvres êtres les plus grandes souffrances morales. Malheur à celui qui écoute ses inspirations, se laisse dominer et conduire où il veut. Le précipice le plus noir, le plus profond, le plus redoutable l'attend, à la plus grande joie de cet esprit démoniaque.

Il possède, en outre, une grande puissance et une influence sans pareilles, pour pousser l'humanité, par ses traîtres conseils, soit dans une richesse acquise honteusement, ou une pauvreté non méritée.

Il a, à l'instar du serpent, une voix doucereuse et vous dit bien lentement à l'oreille :

« Si tu veux de l'argent, des biens, des joies, forme un pacte avec moi et je te donnerai tout ce que tu veux ; mais il faut m'écouter, m'obéir !... »

Hélas ! que sont en réalité les biens terrestres qui s'envolent un jour comme de la fumée, après une si courte durée ?... Quel désenchantement pour les esprits

frivoles, quels regrets amers les atten-
dent !...

Ce regret est semblable à celui exprimé
dans le drame de Shakespeare, qui dépei-
gnit le remords de lady Macbeth, reine
d'Écosse, de la manière suivante :

« Elle apparaît endormie sur la scène,
tenant un flambeau. Elle se frotte convul-
sivement la main, en disant : Va-t'en,
maudite tache... va-t'en... Une, deux
heures... Il ne fait plus clair dans l'enfer !
Oh ! qui aurait cru que ce vieillard eût tant
de sang ! »

Voilà comment s'exprime la voix de la
conscience pour celui qui est tombé sous
le coup du châtiment.

Jusqu'ici on a toujours cru, prétendu
même, que les invocations adressées aux
esprits, devaient se faire de préférence en
lieu obscur.

Voici pourtant plusieurs phénomènes
qui se sont produits, en ma présence, au
beau milieu du jour, non une fois, mais

dès milliers de fois, répétés à différentes
époques, et toujours en pleine lumière.

La première fois, c'était en faisant ma
prière devant la statue de la croix. Je vis
clairement une flamme de feu d'abord,
d'une longueur de 50 centimètres environ
et d'une largeur d'un centimètre, venir se
poser très vivement sur la statue tout
entière. Ensuite j'aperçus une étincelle de
feu qui se posait tantôt sur les lèvres du
Christ en croix, pour les animer, tantôt
sur les yeux, les faisant mouvoir. L'ensemble était comme animé d'un doux sourire et véritablement m'apparaissait comme
chose vivante.

A partir de ce jour je pus distinguer en
pleine lumière des phénomènes incroya-
bles et sublimes.

La nuit, sans lumière, je ne vois absolument rien, si ce n'est la manifestation
de mes chères visions, me répondant et
me transportant vers les objets que j'invo-
que avant de m'endormir : en un mot,

j'entends leur langage si beau, que nul être humain ne peut imiter.

Constamment, ou à peu près, je vois voltiger devant mes yeux des esprits, ne faisant que traverser l'espace et animant partout les objets qu'ils effleurent à leur passage. C'est surtout au moment d'entreprendre un ouvrage, un écrit, de préméditer une bonne action, ou quand je me sens envahie par la tristesse, que les flammes de feu deviennent plus intenses, comme pour m'encourager et me faire comprendre que je ne suis pas seule, et qu'ils sont là prêts à m'aider et à me protéger.

Il en résulte pour moi un bien indéfinissable, et je me trouve à ces moments-là au-dessus de tout et de tous.

Une autre fois je vis un esprit m'apparaître sous les couleurs rouge sang et bleu ciel, mélangées d'une lumière aux rayons d'or, formant trois faisceaux invisibles.

Dans l'intérieur, au centre, il y avait un je ne sais quoi, rayonnant d'un tel éclat de beauté, qu'involontairement je

tombai en extase. Il s'en dégagea comme
un arc-en-ciel, environné d'une quantité
de petites flammes.

La joie, le bonheur semblaient débor-
der, comme aux plus grands jours de
fête.

Je ne vis aucun esprit blanc, ni noir ce
jour-là.

Mon intérieur me paraissait tout transformé ; un fourmillement d'êtres célestes
apparaissait et disparaissait ; j'étais moi-
même heureuse, soulagée, et vivais comme
dans un lieu enchanteur.

Il est donc certain qu'après notre mort,
au moment où l'âme se transforme, elle
prend le corps astral blanc si, naturellement, elle en est jugée digne, et si elle a
supporté sur terre les épreuves imposées
par une main toute-puissante.

Quant à l'esprit noir, malheur à celui
qui en est investi, car éternellement il
souffrira sans espoir.

La flamme représente le corps céleste,
et l'apparition sous les trois couleurs,

rouge, bleu et jaune or, indique le mystère
de la création et est l'insigne de la Trinité
toute-puissante.

Jusqu'ici on supposait que nous n'étions
entourés que de deux âmes seulement
représentant l'une le bien, l'autre le mal ;
pourtant moi, j'en distingue des milliers
d'âmes, surtout au moment de certains
grands événements, et où la manifestation
des flammes de feu m'apparaît.

Ce qui prouve que, sans distinction,
nous sommes tous conduits, inspirés par
cette quantité d'esprits qui n'est autre que
le résultat de notre transformation, et à
laquelle il ne peut plus être opposé, véritablement, le moindre doute.

Notre organisme est mis en mouvement
perpétuel ; car j'ai remarqué que, lorsque
l'esprit de la flamme de feu se pose sur
l'être humain, l'inspiration est bonne, les
élans sont nobles et généreux, le cœur
s'ouvre enfin à la pitié.

Je les vois distinctement posés sur les
lèvres en parlant, sur les yeux qui fixent

tel ou tel objet, sur le front qui réfléchit.

Quand l'esprit s'y arrête, le passé se réveille en notre mémoire, et avec la puissance qui lui est propre, il peut nous favoriser d'un don, qui n'est certainement pas apprécié à sa valeur, celui de pouvoir connaître l'avenir.

D'autres ne font que nous troubler, nous suggérer de mauvaises idées et nous hantent des plus tristes pressentiments à l'approche d'un événement.

Lorsque l'esprit blanc se pose sur nous, il laisse poindre le doute dans nos pensées; croyant mal faire, nous hésitons, nous reculons, nous réfléchissons. Une grande incertitude s'empare de tout notre organisme, et nous n'agissons qu'avec une précaution et un tact sans égaux.

Mais hélas! lorsque le noir gagne la partie et arrive à se faire écouter et obéir, l'être humain devient méconnaissable, cherchant querelle pour un rien, devenant moqueur, mentant avec un aplomb imperturbable, et poussant parfois la méchanceté envers ses semblables, jusqu'à la cruauté.

Or, tous les esprits se posent à tour de rôle sur nous, mais j'ai remarqué que l'esprit blanc surtout cherche toujours à chasser l'esprit noir, se jetant sur lui, et arrivant souvent à le faire rouler par terre, comme une boule qu'on lancerait de toutes ses forces.

La force de notre volonté permet à tout être humain de demander les secours, l'aide et la protection nécessaires ; mais si les esprits qui nous environnent et avec lesquels, sans bien le savoir, nous sommes en rapport, ne sont pas purs, nous n'avons que du mal à recevoir d'eux, car ils servent l'esprit noir, qui lui-même les utilise comme son instrument propre auprès de nous.

Voilà la cause de notre malheur ; nous sommes les vraies victimes et le jouet d'une véritable bataille qui s'élève entre eux et où tous veulent avoir raison de notre âme.

Mais si la personne a une vraie et sincère confiance en un Maître tout-puissant et juste, elle est protégée contre le mal et finit toujours par remporter la victoire.

Le juste à qui, malgré tout, sont dévolus parfois de grands tourments et des supplices cruels, ressemble à une chaîne en aimant qui serait attachée au firmament et le tiendrait à elle en traversant l'espace ; les tempêtes, les cyclones le renversent, mais il peut être, malgré tout, soulevé, transporté et attiré en lieu sûr. Et si le brouillard de la nuit obscurcit sa vue pour l'empêcher de voir les ruines devant lui, sa chaîne ne cédera à rien et il sera sauvé pour et contre la puissance du mal, car si tout s'écroule sous ses pas, semblable à une maison incendiée, son corps meurtri par les déchirures restera debout comme un roc indéracinable ; sa chaîne au-dessus de tout le maintient d'une façon et d'une force inébranlables.

Quand l'esprit de la flamme de feu se pose sur moi, il me produit l'effet d'un voile placé devant mes yeux et qui s'écarterait subitement. Je puis alors faire exactement le portrait de personnes inconnues, demeurant dans des pays aussi éloignés que possible, et en suivant bien la pensée de la personne désirant savoir quelque chose, je peux de même lui dépeindre la maison, le bonheur, le malheur arrivés à l'être qui la préoccupe.

Je traverse en somme les ondes conductrices du premier corps afin d'arriver au deuxième et à le trouver là où il demeure.

La chose paraît peut-être impossible, mais c'est l'exacte vérité. Combien de fois, tout en ne regardant que le visage des personnes que le hasard me fit connaître, leur ai-je dit la date précise des événements ayant trait à leur existence ; leur citant l'année soit de revers remarquables ou de changements heureux de position. C'est du reste le plus sûr moyen de lire la pensée.

Je pourrais citer ainsi nombre de faits semblables, entre autres la visite, un jour, d'un monsieur à l'apparence des plus robustes ; tout en lui respirait la santé la plus parfaite. Tout en causant il faisait allusion à sa santé, et sans qu'il s'en doutât, je l'examinais. Je fis en moi-même cette réflexion : il me semble qu'un événement va se produire.

Je vis la flamme de feu se poser sur son front, et je pus lire : « Prochainement, vous serez malade, mais sans gravité, car vous en serez quitte pour la peur; il y a guérison complète. »

Effectivement, deux mois plus tard, une forte hémorragie l'affaiblit relativement assez ; mais il se remit promptement et fut, non longtemps après, complètement dans le même état de santé qu'il m'avait été donné de le voir chez moi..

Mais en le regardant bien une seconde fois je crus prudent de lui recommander de ne jamais rien soulever de lourd, surtout des gros meubles, car le mot « anévrisme » me sautait aux yeux. J'ajoutai : Si vous ne m'écoutez pas, avant deux ans vous ne serez plus de ce monde.

Il partit en riant, incrédule, mais un beau jour, 21 mois après, il mourut, en déménageant, de la rupture même d'un anévrisme. C'est un de ses amis, au courant de la prédiction et de la recommandation faites, qui me l'apprit.

Une jeune dame vint une autre fois me demander conseil au sujet de son mari atteint d'aliénation mentale, après deux années seulement d'un mariage des plus heureux !

Affligée outre mesure d'une telle catastrophe que rien ne faisait prévoir, elle venait me demander surtout l'époque à laquelle son mari serait guéri, car elle l'aimait tant que jamais elle n'aurait soupçonné un seul instant la triste et dure vérité que je pus lui révéler par le moyen de la même flamme de feu qui illumina tout son visage et me fit voir en grosses lettres le mot « incurable ».

Je lui décrivis également la maison de santé dans tous ses détails et lui fis le portrait exact de son mari.

Depuis, cette dame ayant continué ses visites chez moi en qualité d'amie, un jour vint où, je ne sais pourquoi, je me demandai si je devais continuer à la recevoir ainsi en grande amie.

La réponse ne se fit pas attendre. La nuit suivante, m'apparut en vision une grande et belle femme qui, tout en me serrant fortement le bras gauche, me dit : « Écoutez-moi bien ; vous auriez grand tort de vous brouiller : je vous conseille, au contraire, de rester toujours bien d'accord l'une et l'autre. »

Stupéfaite d'une pareille apparition, je m'empressai de lui en faire part à l'une de ses premières visites, tout en esquissant de mon mieux le portrait de la femme entrevue. A ma grande surprise il répondait en tous points à l'effigie vivante de sa bonne mère trépassée l'année même, et quelques mois seulement avant l'irréparable malheur qui la frappa dans son affection la plus chère.

Inutile d'ajouter que nous nous trouvons

tous les jours plus contentes l'une et l'autre d'avoir continué, sous de si heureux auspices, nos bonnes et amicales relations.

Nous avons donc de bons esprits, heureusement, qui veillent sur nous, car le langage mystérieux, qui se fait entendre dans notre conscience nous reprochant le mal, n'est autre que le leur, détaché de tout lien matériel et à même de tout voir et de tout prévoir.

Quant à l'esprit noir, j'ai pour la personne sur laquelle il se pose la plus grande méfiance ; car celle-ci ne cherche qu'à tromper, à feindre ses intentions, et ne néglige rien pour faire tout le mal possible à son prochain.

Je tiens à rappeler que, parmi les grands prophètes, il y avait également le Christ qui prédisait l'avenir des nations futures, et c'est par l'inspiration du feu céleste qu'il pouvait lire la pensée d'autrui.

La triple puissance du feu sacré qui s'était incarné en lui lui donnait la force sans pareille de s'emparer de l'esprit des morts et de les faire ressusciter.

Saint Lazare, et combien d'autres, en sont des exemples. Tout ce qu'il annonça s'accomplit; aussi bien la destruction du Temple de Jérusalem, où plus une pierre ne devait rester l'une sur l'autre, que la désunion du peuple juif obligé d'errer aussi longtemps dans toutes les parties du monde, jusqu'au jour où il viendrait à se prosterner et à le reconnaître pour le vrai Messie envoyé pour notre délivrance.

Il annonça aussi qu'avant la fin du vingtième siècle les astres seraient interrogés et leurs mystères découverts par quelqu'un parmi les vivants. C'est alors que la fin du monde serait proche.

En tous cas espérons la fin de ce matérialisme qui vit aujourd'hui dans toute sa force, mais qui, malgré tout, ne peut tarder à être anéanti par l'avènement du spiritualisme.

Il prédisait aussi qu'un grand prophète se lèverait; nous voici au seuil de cette

porte; félicitons-nous de l'approche de cette
heure qui nous délivrera du servage des
richesses, de la fausse gloire, de l'intrigue,
des mauvaises actions et de tout ce qui
est matériel et éphémère.

Ne disait-il point aussi : Quand mon père
sera adoré partout, la fin terrestre sera
proche.

Était-il donc véritablement le fils de
Dieu, né de l'esprit pur, dirigé et inspiré
par lui ? Oui, certainement !

Les mystères de la création nous démon-
trent clairement que nous sommes tous
les enfants d'un même père.

Les souffrances et les persécutions qu'il
a endurées injustement, par amour de
l'humanité, afin de la délivrer des fers de
l'esclavage, le prouvent suffisamment ;
mais aussi il a été élevé à un rang supérieur et au-dessus de tout esprit et de
toute chose.

Oui ! on peut ajouter : Heureux et malheureux l'enfant de la terre qui, dans ce
monde trompeur et perfide, reçoit en son

cœur un rayon du feu du ciel ; c'est le
vautour jaloux et méchant qui s'acharne
sur lui, il en veut la perte par sa domi-
nation, ses conseils, ses inspirations perfi-
des. Cette âme pure est un vrai cauchemar
pour lui, et la lutte la plus terrible et la
plus tenace s'engage entre cet esprit noir
et l'esprit bon ; chacun veut l'âme pour soi.

Pour plus de compréhension, je rappel-
lerai encore le jour de la Pentecôte resté
célèbre en mémoire des flammes de feu
descendues sur les apôtres, les vivifiant de
leur ardeur.

Que n'a-t-on pas vu ?

Le feu a toujours joué un grand rôle
dans les temps passés et, comme j'ai eu
l'honneur de vous le dire au commencement de ce livre, c'est par lui que le Maître
Créateur a animé les créatures couchées
dans des lits blancs.

De même au moment où saint Jean était
en train de baptiser une multitude de personnes, il reconnut, parmi toutes celles-ci,
le Messie, sous la forme d'une colombe

en feu qui le lui désigna. C'était en effet Celui qui délivra l'humanité des tyrans romains et gaulois.

Un autre fait, et que l'histoire relate, se produisit au temps d'Achab et de Jézabel : Élie, le grand prophète qui, très uni avec son disciple Élisée, fut nourri d'une manière miraculeuse par des corbeaux, ressuscitant le fils de la veuve Sarepta, et étant ensuite enlevé au ciel dans un char de feu en laissant un manteau à Élisée, afin qu'il puisse accomplir les mêmes prodiges que lui.

Je citerai encore l'événement remarquable arrivé au dernier roi de Babylone, Balthazar.

Au moment où Cyrus, roi des Perses, assiégeait Babylone à la tête d'une armée formidable, Balthazar se riait des vains efforts de son ennemi et oubliait au milieu des festins, les ennuis d'un long siège.

Une nuit où l'orgie était à son comble, Balthazar fit apporter au milieu des grands de sa cour, par une forfanterie d'impiété, lès vases sacrés que Nabuchodonosor avait enlevés du Temple de Jérusalem. A peine cette profanation sans égale fut-elle commise, qu'une main apparut en traçant sur la muraille, en traits de flamme, des caractères mystérieux que ni Balthazar, ni aucun personnage de la cour ne purent lire.

Le prophète Daniel ayant été appelé :

« C'est Dieu, dit-il au roi, qui a envoyé cette main et voici ce qui est écrit : « Mané, Thécel, Pharès ».

« Ces mots veulent dire : Mané, Dieu a compté les jours de ton règne et il en a marqué la fin ; Thécel, tu as été mis dans la balance et tu as été trouvé trop léger; Pharès, ton royaume sera partagé. »

En effet la même nuit, Cyrus, s'étant introduit dans Babylone par le lit desséché du fleuve, fit tout renverser et détruire, tuant ensuite Balthazar.

Et pour conclure de la puissance du feu, même en France, nos pères, au temps de Jeanne d'Arc, surtout au moment de la prise d'Orléans, ne virent-ils pas des sortes de papillons de différentes couleurs ?

C'étaient des esprits blancs, purs, qui combattirent pour eux et la France au moment du danger en épargnant le plus possible leurs forces et leur sang et chassant l'ennemi.

Si donc de tels prodiges s'opèrent pendant la vie terrestre, pour quelle raison douterions-nous de la vie infiniment grande que nous laissent entrevoir de semblables événements ?

Je crois, j'espère beaucoup du moins, que de tels sujets seront approfondis, pris en considération et propagés universellement, car c'est un monde nouveau des plus intéressants, qui nous apparaît et qui ne demande qu'à être connu.

Le Sanctuaire et les trois Mondes

QUELLES sont les causes de nos peines ?

Pourquoi nos pères décédés ne pourraient-ils point venir à notre secours pour nous délivrer de nos erreurs quotidiennes, en nous éclairant sur une vie en perspective ?

Qui nous dira ce qui s'y passe et nous aidera à déchiffrer ce grand problème, nous dessillant les yeux, et faisant tomber le voile qui nous cache de telles grandeurs ?

Oui, beaucoup de souffrances proviennent de l'ignorance ; mais aussi pourquoi avons-nous tant d'attachement pour notre vie matérielle, tandis que notre corps astral vit aussi bien, mieux encore que ce premier, et que le corps céleste tend ses bras vers nous ?

Je chercherai donc à dévoiler ce mystère sublime avec l'inspiration et la protection des âmes célestes, dans l'espoir d'être bien éclairée afin que les lecteurs qui me lisent aient la conviction formelle, sinon la certitude absolue, de la vie véritable du corps astral, ou de la transformation de l'âme.

Nous pouvons communiquer avec les êtres habitant les sphères mystérieuses, les entendre, les voir, les comprendre en les interrogeant; mais pour que ce fait s'accomplisse, il faut le détachement de notre âme et son extériorisation pendant le sommeil, afin de l'unir au corps astral.

Voici la vision que j'eus le bonheur d'avoir pendant une nuit d'un mois de novembre.

Jamais je ne l'oublierai, car elle me permit de franchir les limites terrestres.

J'avais été ce soir-là, je me rappelle, très recueillie dans ma prière et j'étais heureuse de m'endormir du sommeil du juste, ne me doutant certainement pas de ce que j'allais voir dans le courant de la nuit.

J'aperçus à un moment donné une main blanche venir se poser sur ma couchette et je sentis comme l'effet de deux bras qui m'étreignaient doucement au bas des reins. J'étais en extase devant quelque chose d'indéfinissable, et dans ma joie je m'écriai : « Oh ! si deux anges venaient me prendre, quelles délices ! Comme on doit être heureuse dans ce lieu chéri qu'on appelle le ciel ! !. »

Mon désir n'était pas encore entièrement exprimé que véritablement je me sentis soulevée et transportée dans un sanctuaire : « Ce lieu divin, me fut-il dit, est la résidence du Souverain Maître. »

Et j'entendis une voix céleste ajouter : « Sois heureuse, car peu de personnes passent où tu viens de pénétrer. »

J'étais en effet au comble du bonheur, libre de tout souci, de tout ennui, ressentant des impressions qu'il n'est pas donné d'exprimer en langage humain, et je suis persuadée que pour entrevoir, ne fût-ce qu'une minute, toutes ces beautés et jouir d'un calme si doux et ineffable, personne n'hésiterait à subir, au préalable, les plus grandes souffrances. C'est vous dire dans quel lieu enchanteur je fus transportée !

Autour de ce sanctuaire une étendue sans fin m'apparaissait et je vis qu'elle était la résidence des âmes pures ayant lutté pour vaincre.

Je fis ensuite le tour du sanctuaire, qui ressemble à une vieille église bien conservée, me trouvant toujours dans les bras de mes anges gardiens ; mais à ce moment-là un nouveau spectacle des plus grandioses me frappa.

Je lus très clairement, gravés sur de vieux murs, aux pierres rongées, trouées, effritées par les siècles écoulés, les noms de tous les êtres qui partagent une gloire et règnent en souverains pendant l'éternité. Longuement et pieusement je les lus et relus, ces noms appelés à jouir d'un bonheur sans fin, et voici comment en était la disposition :

Le nom, d'abord, sur une seule ligne ;

L'âge, ensuite, sur une autre ligne;

Les mérites, en général ;

La lourdeur de la balance au moment du jugement;

Les récompenses obtenues;

La place qui est réservée au ciel;

Et les supplices, les ennuis, les injustices et tous les maux endurés patiemment sur terre.

Nous sommes, quoi qu'on en dise, réellement jugés et classés selon le poids de notre balance, en bien ou en mal; celle-ci es. heureusement bien équilibrée et sans supercherie possible.

Le jugement ne s'opère pas seulement, comme nous pourrions le croire, à la fin du monde; c'est sitôt transformés que le bonheur ou la tristesse commencent pour chacun de nous. Je dois pourtant ajouter que pour les uns, s'ils arrivent à se purifier, les tourments peuvent cesser ; mais pour d'autres ils seront éternels.

Ah ! les souffrances terrestres sont bien

peu de chose, comparées aux supplices
infligés aux méchants.....

Je n'oublierai jamais la grandiosité de
ce monument apparu sous les aspects d'une
cité silencieuse, débordant sous les effets
merveilleux d'une union la plus parfaite.

Les âmes pures qui ont souffert et lutté
ont leurs places marquées bien avant leur
naissance terrestre, sur les murs de la
maison d'or, où demeure notre Créateur!...

J'étais si profondément heureuse que je
murmurais tout bas : « Oh! comme je
désirerais rester toujours dans ce lieu chéri,
où le vrai bonheur existe!..... »

Alors une voix me répondit tout doucement et très clairement : « Ne crains rien,
tu as gagné ta part de paradis, ta place est
marquée, la voici! mais..... ton heure
n'a pas encore sonné, il faut attendre vail-
lamment et redescendre sur terre. »

Une autre fois, j'ai été transportée devant
un véritable ascenseur. Celui-ci fonctionne
continuellement entre le ciel et la terre.
Aux chaînes invisibles pour les vivants,

dans ma nuit miraculeuse, je pus pourtant
le voir fonctionner sans relâche.

J'étais impatiante d'y monter, car je
voyais des âmes s'y précipiter avec tant
d'ardeur, que je demandais la délivrance
de mon âme au plus tôt ; mais à deux
reprises je fus repoussée et une voix
céleste, me dit : « D'autres sont appelés
avant toi ; c'est peine superflue que de
vouloir monter trop vite, l'heure viendra
pour chacun, attends. »

Enfin le signal fut donné et je ne me fis
point prier pour monter dans cet ascenseur qui me réservait de si douces et
agréables surprises.

La durée du temps me parut très longue
entre l'espace qui sépare la terre du firmament. Là, plus d'air, rien ne respire ;
tout est semblable à un brouillard des plus
épais.

Voilà certainement la cause de notre
mort, puisque, l'heure venue, il faut traverser cet espace sans air où l'on étouffe,
où plus aucune vie ne subsiste. Cet espace

me sembla en effet trois fois aussi éloigné que celui de la terre au firmament. Pour faire ce voyage plein de dangers, il faut se munir d'un liquide qui ressemble à une flamme de feu et qui donne la force de résister aux attaques multiples et malfaisantes des mauvais esprits qui parsèment ce chemin presque insurmontable.

Ce liquide, au milieu de notre corps, est la vie éternelle pour celui qui le possède ; mais pour le conquérir, quels sacrifices, quelles épreuves devons-nous savoir supporter énergiquement et patiemment !

Notre corps devenu froid n'est qu'un simulacre de la fin ; nous ne sommes morts que pour les vivants sur terre ; nous nous réveillerons de ce sommeil qui paraît à jamais être le dernier.

Enfin, une fois au bout de cette interminable route sans air, je me trouvai, avec quelle joie, comme dans un tout autre monde, rempli d'air et de vie, celui-ci. Le corps est rétabli dans un état lumineux. Mon âme se réveillait à la vie, au bonheur.

C'est au moment où l'on pose notre corps dans la terre que la fraîcheur fait tomber le voile matériel, et le liquide nous réveille au milieu du monde éternel.

L'effet que produit un tel phénomène est semblable à celui qu'on éprouve en se sentant bien vivant et sans malheur après un terrible cauchemar.

La plupart des âmes séjournent de longs siècles sur cette terre, qui n'est pas encore celle où habite notre Créateur ; mais les âmes pures qui ont continuellement vécu dans la crainte du mal et toujours suivi le droit chemin ici-bas ne font qu'y passer, et elles retournent immédiatement vers l'ascenseur qui les attend pour les conduire sur une troisième terre appelée « demeure céleste ».

Cette fois j'étais tout éveillée et je pouvais mieux encore ressentir les effets de mon bonheur.

La vitesse avec laquelle l'ascenseur montait était vertigineuse ; l'air était pur ;

aucun obstacle n'obstruait plus le chemin ;
tout respirait la joie, la paix et le repos.

Nous étions en tout petit nombre, car
les élus ne sont, malheureusement pas
nombreux ; mais tous, nous nous trouvions
comme en extase devant les merveilles
qui commençaient tout à coup à se dévoiler à nos yeux. C'était, je me le rappelle,
à qui pouvait regarder de son mieux.

Enfin, nous posâmes le pied sur une
terre ferme, et le lieu béni le plus sublime,
le plus grandiose, nous apparut.

Je revis le sanctuaire avec bonheur et
m'extasiai à nouveau devant la grandeur
d'un tel monument !

Ah ! là plus d'ennuis, plus de besogne ;
rien, tous les êtres flânent ; personne ne
craint plus son prochain ; la méfiance
n'existe plus, tout est en abondance et
sans crainte du lendemain.

C'est le seul endroit où les anges vivent en commun avec l'Éternel.

Mon bonheur était trop grand, et la
même voix me répéta, comme au début :

« Ton heure n'est pas sonnée pour y vivre perpétuellement, redescends. »

Je quittai ces lieux enchanteurs bien tristement, car je savais que la route qui me restait à faire cette fois me reconduirait sur notre terre matérielle, où le bonheur des plus grands ressemble à une douloureuse captivité !

La Transformation en corps astral

UNE autre vision me faisait connaître le mystère qui existe entre l'échange du corps matériel en astral, au moment de la séparation de la terre pour l'éternité qui commence.

Il faut que l'être qui se trouve entre la vie et la mort soit jugé ! Il faut savoir la lourdeur de la balance ; ses malheurs, ses épreuves, ses injustices ! A-t-il vaincu, supporté patiemment son mal, ou a-t-il succombé ?...

Voilà pourquoi la créature humaine est soumise, au moment de son agonie, à l'épreuve de la balance divine.

Celle-ci ressemble à un gros crochet d'acier ; elle est introduite dans le gosier et le mourant ainsi embroché se trouve comme suspendu dans le vide, sans équilibre aucun. C'est à cet instant qu'il perd connaissance et que son jugement commence.

Jugement terrible s'il en fut!!...

Il voit devant lui un grand livre ouvert; ses bonnes et ses mauvaises actions y sont hautement dévoilées; plus de déguisement possible, la vérité nue apparaît, aucune excuse ne prévaut; il faut se soumettre à une volonté inébranlable.

Ce corps pour lequel on avait eu tant de soins tombe en poussière, puisque les vêtements que nous portons une fois morts sont ceux qui se dégagent de notre âme.

Le fluide du juste répand un doux parfum et est entouré d'une lumière éblouissante; on se plaît à l'admirer, tout en lui respire le bonheur et le repos bien mérités.

Le fluide du méchant, au contraire, est d'un noir horrible; son odeur est nauséabonde; il est détesté, abhorré de tous; personne ne le veut à ses côtés; force lui est de rester là où la justice divine lui ordonne d'endurer les plus cruelles souffrances.

Bienheureux celui qui peut arriver à satisfaire au poids voulu de la balance de notre Créateur; il obtiendra satisfaction et arrivera à jouir d'un bonheur sans fin.

C'est à ce moment que commence l'ascension, comme j'ái eu l'occasion de l'expliquer dans le chapitre précédent. Ceux, je le répète, qui possèdent le liquide au milieu de leur corps, sont certains de se réveiller dans la gloire et le bonheur, tandis que les autres se voient précipités dans une nuit noire où les souffrances sont sans nom, où plus aucune prière ne peut être exaucée et où encore les gémissements les plus douloureux n'attendrissent plus personne.

Voilà la catégorie des âmes trépassées à redouter. Elles s'acharnent sur les vivants dans l'espoir de leur arracher des promesses pouvant ainsi les tirer de leurs supplices. Elles cherchent par tous les moyens à s'emparer de leurs êtres; de là les mauvaises inspirations; les calomnies,

les erreurs humaines et la cause du mal
si souvent injustement fait à son prochain.

Évitez donc ces voix qui vous paraissent traitresses, menteuses, ces inspirations contre le bien, car les morsures de tels êtres sont terribles, plus terribles même que celles du serpent.

Voici à présent comment s'accomplit notre jugement final :

Le Tribunal du Souverain Maître est environné par une armée d'anges considérable. J'ai pu assister, comprendre et entendre la sentence de mon jugement, ce qui permettra à chacun de connaître d'une façon très nette de quelle manière nous serons jugés en général.

L'Éternel était assis à sa tribune ; il détournait son visage en me regardant avec une tristesse immense et paraissait dire : « Rien à faire, même pour les siens qui doivent supporter une destinée écrite à l'avance. » Ses regards évitaient de voir le sort qui m'avait été dévolu sur terre !

Enfin il se mit à feuilleter et à examiner

le livre où toutes les actions commises ici-
bas sont annotées.

J'entendis la question suivante : « Qui
vient d'arriver ? » Et une voix répondit :
« C'est une enfant noble. » Ce nom est
donné à toutes les âmes qui peuvent espérer la clémence de leur Juge.

L'Éternel demanda ensuite : « Qu'a-t-elle
fait sur terre ? » Et la voix ajouta : « Elle
a prophétisé par « voix de révélations. »

A ce moment la crainte d'être condamnée envahissait mon âme.

Je me réjouis cependant en entendant
le Créateur répondre d'une manière satis-
faite :

« Que la plus haute récompense lui soit
décernée au Ciel. »

D'autres questions furent ainsi posées
sans qu'il m'ait été possible d'en saisir précisément toute l'importance; mais elles furent unanimement résolues en ma faveur.

Cependant j'apercevais un mauvais esprit, animé d'une colère et d'une rage
sans bornes, qui cherchait absolument à

me perdre en m'accusant d'avoir pourtant vécu, certains moments, sans trop souffrir.

Mais la voix de mon Juge répondit : « Regarde le livre de ses actions : il n'y a pas la plus petite tache. Je ne veux donc pas qu'elle soit soumise à la « torture ».

Enfin ma sentence fut prononcée d'une manière très favorable puisque j'étais libre de toute entrave et pouvais aller et venir à mon gré, n'étant pas soumise à la « torture ». J'entendis un ange me dire : « Sois heureuse, de grands saints subissent parfois la torture avant d'être délivrés. »

Pourtant on me fit remarquer que, malgré tout, mon âme avait une toute petite trace encore visible. A ce mot je répondis immédiatement que je désirais aller de suite la purifier, afin de jouir ensuite de tout le bien qui m'était réservé.

C'est à ce moment que je vis venir audevant de moi une personne conduisant avec elle un enfant.

Un ange voulait mettre nos mains l'une dans l'autre et nous unir ainsi pour toujours dans les mêmes délices, tout en effaçant certaines petites rancunes terrestres; mais avant de lui prendre sa main, je voulais lui faire quelques petits reproches.

Et la voix me demanda : « Allons, pourquoi hésites-tu encore? pardonne-lui! »

Alors de grand cœur je lui pris la main, nous nous serrâmes fortement l'une contre l'autre, et bien d'accord nous fîmes route ensemble.

Je m'aperçus que ces deux âmes seulement, parmi toutes mes connaissances, avaient pu se purifier et arriver à faire partie du royaume céleste.

Je les suivis et je fus amenée dans une très vaste pièce contiguë au Tribunal. Là nous étions seules, heureuses de nous entretenir au sujet de certains événements terrestres, quand la porte s'ouvrit en toute hâte et deux anges apparurent en me disant : « Il s'opère sur votre corps des miracles ; les personnes qui l'environnent sont stupéfaites de telles manifestations surnaturelles. »

Je répondis d'une manière bien triste que les choses qui se passaient sur mon corps matériel m'étaient absolument indifférentes ; que quant à mon âme elle était affranchie de toute entrave et que rien au-dessus ne me préoccupait et pouvait me rendre plus heureuse.

Seulement tel bonheur n'était encore que passager.

Je sentis, par le frôlement d'êtres supérieurs, comme il m'arrive à chacune de mes visions, avoir été redescendue sur terre, pour continuer la lutte de chaque jour.

Une autre fois, il me fut permis de découvrir le système qui existe au moment de notre trépas.

Trois jours avant de franchir le seuil de l'éternité, l'Éternel étend sa main au-dessus de nous, et les rayons de flammes qui s'en échappent ressemblent à un aimant électrique possédant une force supérieure.

Tout tremble devant sa volonté, tout frémit, tout est obligé d'obéir et de se courber devant un ordre sans pareil. Ces rayons traversent l'espace et vont s'engendrer dans les corps qui sont appelés à comparaître devant le Tribunal souverain.

Ici, il y a peut-être une ressemblance entre le soleil qui attire l'eau de la mer pour la faire monter, en formant des nuages, — ce qui serait l'indice de notre mort, — et les naissances imitant, au contraire, l'eau qui tombe sur la terre.

Comme on le voit, tout dans la création subit son point de repère.

Le nombre des élus qui doivent trépasser est toujours pair, et dans le délai de trois jours, accordé pour se préparer au moment suprême, ils sont assemblés et rangés en droite ligne devant l'ascenseur. Ils ne sont en vérité que séparés après leur jugement, afin que chacun selon sa sentence, puisse recommencer une autre vie, et se purifier jusqu'au degré voulu pour atteindre les sphères célestes.

Voilà pourquoi reviennent à la santé, à

la vie, certaines personnes qui avaient
toute l'apparence d'une fin prochaine ;
elles n'ont point été comprises dans les
rayons du Maître, et se trouvent repous-
sées par des anges, l'heure n'étant pas
sonnée.

Et voilà aussi pourquoi la plupart des
mourants disent : « Je sens bien que je
meurs, je vois que je n'ai plus que quelques heures à vivre. »

C'est l'effet entrevu des trois jours
comptés. Et de même quand vous les voyez
pétrifiés par la terreur, les yeux hagards
regardant vers un endroit fixe, rappelez-
vous bien que, sans qu'il leur soit permis
de le dire, ils voient la faux, le crochet
d'acier prêt à s'enfoncer dans leurs go-
siers ; la lame de la mort les pétrifie.

Le délire est la cause des fautes commises ; c'est le résultat en expiation des
attachements pour les choses terrestres.
Voilà le moment où ils voient leur jugement.

Et tandis que le voile terrestre se déchire

devant eux, et que leur transformation
s'opère, en même temps que l'autre vie
commence, vous dites simplement : « C'est
le délire, c'est la fin !! » Oui, pour le matérialiste, les choses divines sont des illu-
minations, ou bien des hallucinations.....

Dans quelles erreurs nous vivons ! Et
par quels pressentiments funestes les mourants ne sont-ils pas assaillis, au moment
où ils cherchent à se rattacher à la vie
primitive, à ce corps matériel qu'ils ne
veulent point quitter, et nous demandent
des prières, signalant leur départ irrévo-
cable, soit par le délire, soit par des signes
quelconques.

Voici encore une autre preuve de notre
attachement à la vie. Je me rappelle qu'au
moment de la mort j'étais environnée de
nombreuses personnes. Ma chambre était
luxueuse, mon lit entouré de tentures
riches ; le tout respirait le bonheur et l'ai-
sance la plus parfaite.

Je ne voulais pas quitter un tel bien-être ;
je me fis appeler une seconde fois, cher-

chant toujours à prolonger mon temps ici-
bas ; mais rien n'y fit ; car, lorsque les
trois jours sont comptés, il faut partir.

Tout disparaît alors comme un brouillard épais ; en effet les mourants cherchent à peu près tous à se débarrasser de
leurs couvertures; eh bien, à ce moment,
ils abhorrent les richesses ; ils préfére-
raient être pauvres, dans le besoin, obligés
de travailler journellement. L'existence de
plaisirs, de dépenses frivoles, de luxe inutile, leur fait voir la torture à laquelle ils
vont être soumis. Mais hélas ! les regrets
sont vains, superflus, lorsque l'heure a
sonné ; plus de remèdes possibles, il faut
se hâter, la route est grande ouverte...

Adieu les joies, les plaisirs malsains,
un autre corps attend, il n'y a plus rien à
espérer.

J'ai assisté alors à ma transformation,
et elle me produisit cet effet :

Quand le froid commence à gagner les
pieds, un autre corps, semblable au premier, se tient auprès de lui ; il est visible

aux yeux des mourants ; voilà pourquoi nous voyons parfois la terreur les empoigner ; et au fur et à mesure que le premier corps se refroidit, l'âme s'échappe de celui-ci par trois gros soupirs.

Le corps astral ressemble à l'aimant ; il attire l'âme en lui, et son sein prend vie, se réchauffe et reçoit le souffle qui s'exhale de l'enveloppe terrestre.

Quand le dernier soupir s'envole, le corps astral est complètement rétabli, il possède le don de la parole, puisqu'à ce moment-là je fis un mouvement pour crier, parler, élever ma voix nouvelle, afin de dire aux personnes affligées qui m'entouraient : « Mais ne pleurez pas, regardez-moi, je suis bien vivante. »

Mais une voix m'empêcha d'articuler le moindre son et m'imposa un silence absolu en me disant :

« Il faut laisser derrière soi ceux qu'on a aimés tendrement sur terre. »

Et je dus assister à leurs chagrins sans pouvoir les rassurer sur mon sort !...

Je vis alors à nouveau la personne et l'enfant désignés plus haut venir à moi, me serrant tendrement la main, me consolant et me faisant passer d'un autre côté, afin de ne plus voir les miens se désespérer. Elle ajouta : « Ils vous retrouveront, soyez heureuse, au contraire. »

Et à partir de ce moment nous ne fîmes plus que de nous entretenir des choses de la terre ; la principale question des esprits étant de s'occuper des vivants.

Nous étions très à notre aise, joyeuses de nous revoir, quand, tout à coup, les purs esprits m'appelèrent pour assister au préparatif de mon enterrement. Je vis apporter mon cercueil, je suivis les moindres détails concernant les préparatifs de mes funérailles et le départ du cortège en ne m'occupant pourtant point de la mise en terre au cimetière, car je préférai laisser partir tous les miens, et me rapprocher ainsi des chers souvenirs de tant d'années en visitant toute la maison, objet par objet, pour ainsi dire.

Il me semblait que je les palpais ; je ressentais une heureuse attraction en me laissant aller à un attendrissement profond. Mille choses me revenaient à la mémoire, entre autres les principaux événements accomplis pendant ma vie terrestre.

J'attendis le retour de mes parents pour leur faire mes adieux, et une résolution prompte comme l'éclair, et inébranlable, me fit partir pour ne plus revenir.

Le jugement de la vie éternelle s'opère donc en trois jours : mais dans quelle croyance erronée ne nous plongent-elles pas les doctrines de la religion, concernant la résurrection !

Ah oui !... Quand on arrive à cette heure fatale, les plaisirs qu'il nous a été donné d'avoir ici-bas nous paraissent tellement fades, insignifiants, qu'il n'est pas possible de croire que nous les regrettions une seule minute.

Et si nous jetons un regard, depuis notre naissance jusqu'au jour de notre mort, le chemin parcouru nous apparaît

si court, si nul... Et pourtant la vie s'est
écoulée bien trop longue et dure pour
ceux destinés à souffrir.

Je tiens à dire un mot au sujet du sort
réservé aux pauvres êtres destinés à perdre leur intelligence et à être classés au
nombre, trop grand, hélas ! de ces esprits
déséquilibrés, ne faisant plus partie de la
grande famille sociale.

Bien des fois je me suis interrogée sur
leur avenir. Je ne croyais pas, en vérité,
que ces êtres, incapables de toute idée
juste, vivant dans un état inconscient,
bestial plutôt, puissent avoir d'autres rap-
prochements que ceux des substances minérales, animales, ou d'autres états igno-
rés encore.

J'ai donc cherché consciencieusement
quel pouvait être leur sort après la mort,
croyant intéresser nombre de personnes.

Lorsque ces êtres sont appelés à comparaître devant notre Souverain Juge, ils
reçoivent, comme tous les autres êtres
vivants doués d'intelligence, trois jours

à l'avance, l'avertissement de quitter la terre, et peuvent à ce moment-là recouvrer un peu de lucidité, parcourir et comprendre la situation dans laquelle ils vont être appelés à exister.

Ils sont alors forcés de prendre leur corps astral pour passer en revue tous les lieux qu'ils ont habités, et principalement le dernier avant l'événement de leur aliénation.

Le tout surgit devant leurs yeux ; ils revoient l'existence qui leur semblait morte et ils en éprouvent un grand soulagement.

L'agonie chez les fous est généralement douce ; ils paraissent moins souffrir que les autres, doués de toute lucidité possible.

Croyez-le bien, : l'absence de l'esprit en corps matériel purifie les âmes, en les délivrant du mauvais esprit et en les unissant à la grande société des esprits purs !

Les Mystères de la Fin du Monde

E mystère de la fin du monde engendre, lui aussi, de profondes réflexions.

Une chose bien simple existe pourtant à ce sujet; c'est que, infailliblement, elle arrivera le jour où le globe lunaire ne sera plus construit tous les mois d'une façon régulière. Sa face représente en vérité le visage de l'homme sur terre; lui n'existant plus, le monde, tel qu'il est aujourd'hui, ne sera plus possible.

L'Église prétend que les morts seront réveillés au son des trompettes des anges et des tambours. Ils n'auront pourtant pas besoin d'être réveillés, puisque leur corps matériel sera tombé en poussière, et que l'âme ou esprit n'aura jamais cessé de vivre un seul instant, n'ayant changé que son corps où état.

Il est évident que la chair matérielle
n'a aucun besoin d'être rétablie. Un
embarras indescriptible existerait peut-
être en pareil cas ; l'univers deviendrait
trop petit pour contenir tous les êtres trépassés qui ont existé depuis le commencement du monde.

Une âme qui vit dans un corps de
fluide astral, n'ayant plus aucun besoin
de nourriture, pouvant apparaître et
disparaître à son gré, en état lumineux,
est bien plus enviable que notre cinquième
état de corps matériel. — Il nous restera
donc à vérifier le chemin parcouru, depuis
notre corps primitif, pour nous rendre
compte de son infériorité ; ce qui nous
laissera voir combien il aura changé à son
avantage en progressant.

Pourquoi les deux autres corps qui nous
restent à gravir ne seraient-ils pas plus
parfaits que les précédents ; tandis que
nous pouvons aisément supposer que, par
contre, les deux corps en état impur ne

feront forcément que descendre de plus en plus bas notre âme.

La perfection de l'esprit donne la puissance, de même que la force de l'âme. Il s'agit de supporter avec courage les luttes de la vie ; plus les esprits seront forts, plus les corps suivants seront parfaits. A la fin de leurs gravitations, ils seront si puissants, si invulnérables qu'ils pourront vivre dans la lumière.

Combien de fois n'entendons-nous pas dire que rien ne peut subsister après la mort, que jamais personne n'est revenu nous raconter ce qui se passe dans une autre vie.

Cette question ne serait pas plus difficile à résoudre que le reste et pourrait s'accomplir d'une manière très possible, si l'homme pouvait redevenir tout petit enfant, retourner dans le sein maternel, c'est-à-dire redescendre l'échelle ; mais une fois qu'un état ou un corps est abandonné par l'âme, celle-ci ne peut plus retourner en lui. Voilà pourquoi il est impossible aux trépassés de revenir en ce bas monde.

Comment peut-on croire un instant que les morts ressuscitent en corps matériel tel que nous l'avons, pour revivre parmi nous, ceux-ci ayant subi les plus atroces tortures jusqu'à parfaite pureté? La matière étant noire, elle est par conséquent impure, et ne peut, pour cette raison, approcher de la lumière qui nous vient d'en haut et nous attire sans cesse vers elle.

Toutes les âmes, sans exception, incarnées dans le corps terrestre sont impures, même celles des enfants ; la matière en elle-même est la faiblesse engendrée.

Comment admettre l'infaillibilité du Pape?... Supposez-vous donc encore que quelqu'un soit pur ? Non, chers lecteurs, croyez-le bien, le corps céleste seul est infaillible, puisque saint Pierre, premier représentant du Christ, l'a renié trois fois dans une même nuit ?

Certains savants prétendent et croient que la fin du monde arrivera lorsque la

terre, vieillie, usée en un mot, par la rota-
tion perpétuelle de ses mouvements,
ceux-ci ne seront plus en état de pouvoir
remplir d'une façon précise leurs fonc-
tions.

Je crois que, si cette question était juste,
il y a longtemps que de tels phénomènes
auraient pu se produire, nous réduisant
tous à néant et permettant à d'autres peuplades d'exister à notre place.

Beaucoup de personnes prétendent
aussi que la fin du monde pourrait bien
arriver à la suite d'un refroidissement
général, enlevant toute possibilité de
maturation aux substances nutritives
nécessaires à l'homme. Les récoltes seraient, par conséquent, anéanties, ame-
nant la famine et déterminant ainsi une
mort générale...

D'autres (et ici il y a beaucoup de vrai)
voient une fin sûre à cause des volcans
destinés à incendier l'univers et à nous
réduire tous en cendres ; ou bien encore
par rapport aux tremblements de terre

qui pourraient bien engloutir la surface de notre globe, et qu'un faux mouvement, faisant dévier cette grande roue, pourrait nous précipiter dans le vide.

Toutes ces versions, quelque différentes qu'elles soient, ne sont certainement pas toutes fondées. Ce sont jusqu'ici de pures et simples suppositions.

Quels seront alors les événements réels qui précéderont la fin du monde? Comment pouvoir expliquer et préciser un tel mystère?

Voici pourtant ce que j'ai pu voir ét comprendre :

Quand l'heure aura sonné, une créature, connaissant les événements au juste et chargée d'une mission spéciale, se lèvera. Elle sera envoyée de Dieu pour accomplir des prodiges ! Et lorsqu'on verra un nouveau piano, parmi tous ceux existants, émettant, avec la même note, *cinq* sons différents, la fin du monde approchera à grands pas.

Nous ne possédons, en vérité, comme

musique qu'un bien faible échantillon comparativement à celle que tout le monde pourraentendre à cette époque. Elle ne sera pas nouvelle, puisque tout ce qui existe n'est pas nouveau, tout ayant été créé au commencement du monde ; mais, de par une volonté suprême, elle ne sera pas découverte avant une certaine date !...

Ses vibrations auront des sons célestes, et lorsqu'elle sera mise en mouvement sur terre, les Cieux en seront ébranlés ; le Tout-Puissant sera touché d'une telle mélodie, qui rachètera nombre de péchés : sa colère sera apaisée et une bonté toute clémente illuminera son visage. De concert les deux musiques s'uniront faisant entendre une harmonie sans pareille. Après de tels événements, le monde verra surgir toutes les armées célestes formant un cortège splendide aux trois Maîtres Créateurs du monde.

Apparaîtront les deux Maîtres d'abord avec leurs globes lumineux, et le troisième ensuite avec la croix. Tous les peuples

saisis et profondément émus seront cons-
ternés et couchés à terre.

Alors commencera la cérémonie de la fin
du monde, semblable à celle de la création,
où chaque être suprême enlèvera de son
corps ses propres substances.

Le premier prendra son feu, le deuxième
son eau et le troisième son sang qu'il a
racheté par la croix.

Tout de suite après cette cérémonie
s'élèvera une bataille formidable. La puissance du bien réduira à néant la puissance
des trois gros serpents, dans une obscurité horrible et où les méchants seront
moins à leur aise qu'un chameau dans le
trou d'une aiguille.

Les bons et les justes seront rayonnants
de gloire.

Un bonheur indescriptible sera peint
sur leur visage.

Mais les temps qui précéderont la fin
du monde seront terribles. La route sera
difficile et les chemins tortueux.

Les élus pourtant connaîtront la vraie

et bonne route ; la clarté leur viendra d'en
haut, et le secours, indispensable à un tel
moment, ne leur fera pas défaut.

Et c'est ici que je suis heureuse de vous
prévenir, chers lecteurs, ou plutôt c'est à
vos enfants et petits-enfants que je voudrais
pouvoir faire comprendre la portée des
événements qui se préparent spéciale-
ment pour eux, et qui ne sont, contrairement à ce que l'on suppose peut-être,
nullement éloignés, puisque d'ici à 70 ans,
l'univers entier sera dans le néant !......

Mortel, ta vie est courte et bientôt finira.
Aujourd'hui tu couvres la terre,
Demain elle te couvrira.

Pendant toute la durée de mon existence, la République résistera en France ;
il n'y aura ni guerres, ni révolutions
remarquables, au contraire la nation ira
même en prospérant.

La musique, comme je l'ai dit, atteindra
un tel degré de perfection qu'en l'écoutant nous croirons assister à un concert
divin donné d'en haut, et dont nulle oreille

n'aura jamais été frappée jusqu'à ce jour.

En somme, jusqu'à ma mort, une ère de calme et de bonheur nous est réservée!

Mais quelque temps après, la République sera renversée et il y aura un roi sur le trône de France qui vivra et régnera jusqu'au dernier jour.

Seulement, après son avènement l'univers entier sera en guerre. Quatre grandes révolutions éclateront.

Plusieurs chefs d'État seront renversés au profit de la France et de la Russie ; une seule religion existera, et l'humanité entière fera pénitence.

Malheur aux survivants d'une telle époque ! Rien n'est à comparer à ce qui est réservé aux êtres destinés à voir et à supporter de tels événements.

Le monde apeuré, désolé, fuira les habitations qui seront pillées, incendiées, réduites à néant.

Espérant malgré tout un retour au calme, au bien-être, l'homme sera condamné à voyager sans cesse, chargé de ses pro-

pres hardes, de celles qu'il pourra, au
coût de quelles luttes et de quels miracles,
sauver de la main de ses agresseurs d'une
cruauté inconnue de nos jours.

L'Évangile sera prêché partout ; les
peuples se réuniront dans l'antique Jérusalem, où les grincements de terreur et
d'effroi des Juifs seront affreux et sans
nom.

Ces moments seront les plus désolants
que l'univers ait jamais connus.

Deux grands prophètes précéderont la
fin du monde. On prétend qu'ils ne sont
pas morts, mais ont été transportés dans
le Ciel. Ces deux êtres se réincarneront,
de même que tous les Apôtres pour servir
de témoins au vrai Christ.

Malheureusement, on verra surgir de
faux prophètes, — qui ne seront autres
que les princes de Satan, — et qui eux
aussi se réincarneront pour soutenir et
faire valoir les exploits de leur Maître.
Peu de temps avant la fin du monde, ils
s'empareront d'un grand nombre de corps

des plus beaux jeunes gens, au physique
agréable et au langage séduisant, et, munis
de poignards, ils s'introduiront de force
dans les habitations pour séduire les jeunes filles et les femmes honnêtes pendant
leur sommeil.

Ils enlèveront à l'humanité les biens de
leur maître, c'est-à-dire l'or, l'argent et tout
ce qui sera précieux. Les lieux sacrés ne
seront pas même respectés ; ils seront, au
contraire, choisis pour la séduction et l'orgie la plus dépravée.

C'est en prévision de tels faits que le
prophète Daniel dit un jour : « Malheur
aux femmes enceintes et à celles qui allai-
teront en ces temps-là. » En effet les fruits
qu'elles porteront seront possédés par l'esprit infernal !

Les jours d'affliction seront comme une
gloire pour le règne de Satan qui croira,
dans sa rage, renverser le maître et deve-
nir ensuite l'arbitre de toutes les destinées.
Car, comme au temps de Balthazar l'impie
vit apparaître avec épouvante une main

qui traçait sur la muraille, en traits de flamme, des caractères mystérieux signifiant avec les trois mots « Mané, Thécel, Pharès, » la fin de son règne, moi j'ai entendu une voix sortant d'une flamme de feu, prononcer trois mots en latin. Voici leur signification ; il s'agit cette fois de la fin du monde.

Première parole. — Lorsqu'un semblant d'apaisement se fera sentir, je vis les pervertis se dire entre eux : Si nous déléguions quelqu'un auprès de la reine pour lui demander si, en priant sincèrement et en faisant pénitence, il nous serait fait grâce de notre vie. Mais au même instant l'ange du Grand Maître frappa à la porte de la reine du trône de France pour lui annoncer la fin de tout.

Et voici les paroles textuelles qui sortirent de la bouche de la Reine comme réponse :

« C'est aujourd'hui le dernier jour !
« Les justes et les injustes vont mourir...
« Et les Cieux vont s'ouvrir !
« Et maintenant, peuple, commence à courir...

A ce moment-là, tous les anges seront déjà sur la terre. Seul le Créateur sera assis sur son trône. L'humanité ressemblera à un arbre immense qui de la terre montera jusqu'au Ciel.

Deux seuls mots sortirent de ses lèvres, semblables à deux coups formidables de foudre.

Deuxième parole. — Le premier coup brisera la moitié de l'arbre en l'incendiant, ce qui signifie que tout ce qui orne et embellit la terre sera brûlé ; celle-ci ne ressemblera plus qu'à une vaste plaine du désert. La mer quittera son lit, et la terre sera inondée de sang, à un tel point, qu'on verra se former des ruisseaux.

Troisième parole. — Le deuxième coup aura lieu au moment où les anges sépareront les justes des injustes. Les lamentations de toutes sortes atteindront le maximum de la terreur et c'est à ce moment qu'il faudra courir pour trouver la droite.

J'ai vu l'humanité entière mourir avec la tête tranchée par l'épée des anges exterminateurs.

La résurrection et le jugement dernier auront lieu ensuite, entraînant avec eux la mort de Satan et de tous ses anges.

Un seul et unique Maître survivra « Dieu le Créateur » et il procurera à ses élus une demeure stable, où tout sera en abondance.

Les deux puissances « le Bien et le Mal » seront séparées ; nous cesserons par conséquent d'en être les jouets et les combattants malheureux.

La richesse, vous le savez, appartient à l'esprit noir ; c'est par elle qu'il cherche à conquérir l'humanité et à renverser Dieu pour se mettre en son lieu et place ; mais je puis affirmer qu'il ne réussira pas, puisque les jours de son règne sont comptés.

Voici une comparaison, qui éclaire la vérité :

1° Il y a un Dieu en trois personnes.

2° Le prophète Jonas fut trois jours dans le ventre d'une baleine.

3° Et le fils de Dieu trois jours dans le sein de la terre.

Je peux ajouter encore :

1° Les Égyptiens virent mourir leurs premiers-nés avec la tête tranchée.

2° Au moment de la naissance de Notre Sauveur, on trancha aussi la tête aux enfants pour trouver Jésus.

3° Et à la fin du monde, le peuple entier sera exterminé la tête tranchée.

Un avertissement a déjà été donné, il y a de longues années, annonçant la fin du monde et l'avènement d'un roi sur le trône de France.

Voici le deuxième : Attention donc ! ne vous laissez point persuader du contraire et vous, les incrédules, ne faites pas la sourde oreille. Rappelez-vous tous que c'est par le courage qu'on arrive à vaincre et à supporter les épreuves d'ici-bas. En faisant ainsi, la palme nous est réservée en échange.

A présent, je tiens à vous raconter
brièvement l'entretien que j'eus positive-
ment un jour avec Satan, où, envahie de
tous côtés par des déceptions de famille et
des pertes d'argent, je me laissais aller au
découragement le plus profond.

Il m'apparut en vision, dardant sur moi
des yeux de convoitise et de cruauté.

Très étonnée, je m'écriai alors en souriant : « Tiens, voilà le petit diable ; que
viens-tu donc faire chez moi ? »

Il répondit : « Je sais que tu as besoin
d'argent, tu es dans la détresse ; si tu veux
me saluer et m'adorer, demain ta réussite
commencera ! »... A ces mots, je ne pus
m'empêcher d'éclater de rire irrévéren-
cieusement à son nez, tout en le toisant
d'un regard des plus sévères et, me mo-
quant absolument de lui, je lui dis : « Je
croyais pourtant ne point faire partie de ta
secte ; mais au contraire de celle du règne
du Grand Maître. Regarde mon passé, est-
il possible que je puisse encore changer

9

de route, et que tu aies l'espoir de me conquérir ? »

Il jeta alors un regard en arrière, contemplant amèrement les événements et il murmura : « Oui, c'est vrai, c'est trop tard, c'est difficile. »

Il me conjura ensuite de le saluer seulement, afin de pouvoir faire entrer chez moi au moins la richesse et qu'après, tout ce que je désirerais me viendrait en abondance. Dans le cas contraire, il me prédisait des ennuis et des tortures de toutes sortes jusqu'à ma mort.

Je lui répondis simplement : « Tu es créé pour adorer ton Créateur ; pourquoi ne commences-tu pas tout de suite à m'ôter la vie ? Je suis seule ici ; allons, rien à craindre. » Il ne bougeait plus. J'ajoutai : « Je sais quelle sera ma future demeure, et comparé aux siècles sans fin de bonheur qui me sont réservés, il ne te reste plus beaucoup de temps pour me faire souffrir. »

Il était si vilain, si noir, si répugnant
que j'espère bien le revoir malgré tout,
mais précipité dans les ténèbres.

Il avait l'air d'un enfant qui se redresse
plein d'orgueil, et il voulait paraître un
homme !

« Viens, me disait-il encore, adore-
moi ». Je répondis : « Je préfère t'écraser ».
Il répliqua : « Veux-tu que je te foudroie ? »
Je lui répondis : « Tu n'as aucun pouvoir ».

L'effet qu'il me produisit était des plus
comiques, rapproché de la grandeur du
Souverain Maitre, qui, lui, couché majes-
tueusement dans le soleil, touche d'un
bout à l'autre la terre.

Aussi avec quel mépris et quelle colère
je le regardais. Si bien qu'il parut me
craindre et finit par se tenir respectueusement et forcément à la distance ordonnée
représentant cinq mètres entre lui et moi ;
il s'évapora ensuite tout à coup, de mes
yeux, plein de fureur.

Mais quel ne fut pas mon étonnement
en le revoyant la nuit suivante renouve-

ler ses offres d'argent et cherchant à renouer un nouvel entretien.

Seulement, cette fois, je ne fis pas attention à lui, et feignis de ne pas le voir.

Furieux de tant d'audace de ma part, il proféra une vengeance contre moi et pendant plus d'un an je fus terriblement éprouvée. Mais le danger de mort qu'il espérait, afin que le présent ouvrage ne fût point livré au public, échoua complètement, puisque, heureusement, je le finis en parfaite lucidité d'esprit.

Non, chers lecteurs, ce qui vient de Dieu, peut seul faire des prodiges en l'honneur de sa grandeur, tandis que les princes noirs ne pourront jamais que semer la tempête, pendant leur règne, qui sera, du reste, très court.

Voici l'indice auquel sera reconnu le vrai prophète :

Si à ce moment-là vous voyez quelqu'un prendre du pain, par exemple, le bénir au nom de la croix, le rompre et le déposer sur un cercueil en faisant ressusciter la personne morte, et qu'un tel prodige s'opère de même sur un squelette, vous pourrez être certain que celui-ci fait de tels miracles au nom du Christ, mort sur la croix, et que la fin est arrivée.

La voix me fit comprendre, dans une révélation, que nulle autre personne, en dehors de moi, ne sera plus envoyée pour annoncer dans l'avenir, la vraie fin du monde, sauf, en l'an 1948, époque du troisième avertissement.

A ce moment apparaîtra le fils du Très-Haut ; il mourra une troisième fois sur la croix et trois jours après aura lieu la résurrection. Le dernier avertissement sera donné en l'an 1953, à la reine du trône de France, 48 heures avant son exécution, et pas une goutte d'eau ne tombera du ciel pendant ces deux jours.

Le roi quittera son palais, nu-tête, en bras de chemise, et désolé il courra à travers les rues, le visage contracté en criant désespérément.

La reine et son entourage le suivront
en répétant sans cesse : « C'est aujour-
d'hui le dernier jour », et tout le monde
suivra ce cortège grossissant toujours de
plus en plus en s'écriant aussi : « C'est la
fin, dirigeons-nous vers le lieu du jugement ».

Ce jour-là, tout le monde sera pêle-
mêle.

Le délai écoulé, l'univers entier sera
incendié.

La fin du monde imitera en tous points
l'époque du déluge : personne n'y voudra
croire, tout le monde continuera à aller à
ses affaires.

De même que Noé mit cent ans à prê-
cher la pénitence, cette fois aussi le Créateur aura accordé cent ans pour que l'humanité se prépare.

J'ai interrogé souvent la voix afin de
savoir si l'eucharistie était utile pour notre
âme.

Voici ce qu'elle me fit connaître :

Elle me transporta en esprit, au lieu où se

donne ordinairement le Saint-Sacrement. Un ange me mit l'ostensoir dans la main gauche, et je vis une hostie comme debout.

Je disais en moi-même : « Voilà une chose bonne à prendre » ; mais au moment où je la touchais du pouce et de l'index, elle devint vivante. Tout mon être ressentait une grande joie, mêlée d'un espoir infini, mais aussi d'une grande crainte, et ma tête s'inclinait.

J'entendis une voix me dire : « Ne la touche pas, elle n'est pas pour toi ; apporte-la au prêtre qui la donnera ». Je le vis alors agenouillé au coin de l'autel ; il prit l'ostensoir de ma main, et tous les assistants qui reçurent l'hostie, — car malgré l'apparence de vie, ils étaient destinés à la mort, — furent animés, et la vie éternelle entra dans leurs corps.

Je vis aussi que le saint sacrifice de la messe était une action très agréable au Créateur ; elle est même obligatoire pour la vie de l'âme.

En ce qui concerne la confession, je n'ai

reçu aucune réponse m'engageant à m'y
présenter, car tout péché doit être expié,
une simple absolution ne suffisant pas !...
Du reste, la confession n'a pas été insti-
tuée par le Christ.

Ici, je tiens à répéter ce que j'ai dit dans
le passage relatif aux esprits, au sujet des
cadres et des statues, c'est-à-dire que tout
peut s'animer, lorsque l'esprit effleure la
chose, aussi bien le marbre que le fer ou
l'airain.

Vous comprendrez, par conséquent,
comment un Dieu put s'engendrer dans le
sein de sa mère, sans rien perdre de sa
puissance, malgré qu'il eût en réalité
l'apparence et fût un homme vrai, car la
Vierge a conçu de Dieu avant la première
création du monde, et sous la forme matérielle il s'incarna.

Vous voyez donc que l'esprit peut se
réincarner et changer de corps. Voilà une
preuve vivante de l'utilité de l'hostie, et
comment la résurrection peut s'opérer par
le retour de l'esprit.

Le dernier jour devrait, au lieu d'effrayer les justes, leur donner au contraire l'espoir de posséder éternellement un corps céleste.

Au commencement de ce chapitre une erreur s'est glissée en ce qui concerne la résurrection matérielle.

Du reste, en voici le motif :

Constamment je vois sous mes yeux des flammes ardentes. Les premières fois je ne pouvais rien distinguer, sinon une forme indécise ; mais à la longue je pus apercevoir un petit corps de la grandeur d'une pièce d'un franc, qui brille comme une lumière électrique. Son centre s'agite en imitant la vie d'une perle, et il y a autour de celle-ci un petit corps pareil au nôtre ; une couleur bleu ciel semble être son habit, et autour de ce dernier rang sortent des rayons éclatants.

Les mouvements ont une grâce infinie et sont à la fois si caressants !

Voici ce qu'on appelle une âme. Celle-ci

apparaît et disparaît, et elle se montre parfois en état de minuscule.

J'ai vu plusieurs fois des anges. La tête seulement est visible et elle est de grandeur humaine. La lumière qui s'échappe de ceux-ci est de la couleur du gaz. Les yeux, le nez et la bouche ont un centre obscur et leur expression est tragique.

Voilà pourquoi, en voyant ces choses, je croyais, de prime abord, invraisemblable la résurrection matérielle.

Je reviendrai du reste sur ce sujet en faisant connaître les signes précurseurs de la fin.

Après la résurrection, le corps humain possédera un nouveau mécanisme, d'une perfection neuf fois plus grande que celui existant actuellement et où le sang sera supprimé.

Apparitions
Témoignage sur l'immortalité

I L y a pourtant des âmes trépassées qui peuvent apparaître parfois après un certain laps de temps, aux êtres vivants, sous la forme du corps astral.

Elles s'adressent ordinairement et de préférence aux enfants ignorants et purs, pour demander des prières.

Il est certain qu'en tous cas la personne à laquelle elles s'adressent doit être pure, sinon il n'y a pas d'apparition possible.

C'est ainsi que j'ai vu pendant mon enfance une femme apparaître entourée de son drap mortuaire. Elle m'avait annoncé sa présence par l'ébranlement de la sonnette qui se fit entendre au beau milieu de la nuit, et ma chambre fut subi-

tement illuminée, d'une lumière semblable
à celle que nous possédons sur terre.

Elle avait autour de sa bouche le même
bandeau qu'on lui avait mis, au moment
de son ensevelissement ; mais son visage
était parsemé de croûtes, indiquant le
besoin d'être purifiée, en même temps
qu'elle réclamait des prières pour le
repos de son âme.

A sa vue je fus terrifiée, et un frisson
mortel envahissait tout mon être. Instinc-
tivement je fermai les yeux ne voulant rien
voir et heureusement pour moi que le
sommeil, me plongeant dans l'oubli, me
délivra de toute frayeur.

A mon réveil et à la suite d'un tel
événement, les craintes de toutes sortes
recommencèrent ; mais rassurée et dis-
suadée par mes proches parents d'une
telle vision, je repris peu à peu le calme
et ce souvenir tombait dans l'oubli, quand
une autre manifestation, mais d'un autre
genre, et après plusieurs années, se produisit encore.

Une de mes proches parentes venait de trépasser depuis peu, et comme son testament avait été fait en faveur de certaines personnes étrangères à la famille, et par conséquent à mon détriment, je me sentis à cette époque comme assaillie par les tourments d'un esprit impur, pendant au moins quinze longs jours, et sans intermittence.

La première manifestation s'annonça par la présence d'un oiseau, dont cet esprit avait été condamné sans doute à emprunter l'enveloppe pour pouvoir apparaître ; celui-ci, pendant que mon regard se promenait dans ma chambre, se mit à voltiger autour de mon lit et sur le parquet, avant que ma lumière fût éteinte.

Je vis alors, comme par enchantement, mes chaussures se déplacer d'un bout à l'autre de la pièce, ainsi que mon linge et mes effets déposés avant de me mettre au lit, se retourner en sens inverse.

J'étais, comme bien vous le pensez, envahie de la terreur la plus atroce, et

pendant nombre de nuits successives, je ne
pus avoir un seul instant de repos, soit de
la crainte de nouvelles manifestations, soit
du tapage que cet esprit essayait encore de
faire.

Un autre jour, j'étais en train de vérifier
mon linge ; on m'appela. Avant de sortir
de ma chambre, je le mis bien ensemble
et par ordre sur mon lit, me réservant le
soin de le serrer définitivement dans mon
armoire, un peu plus tard.

Mais quelle ne fut point ma stupéfaction,
de le voir à mon retour tout éparpillé et de
trouver certains morceaux déchirés !.....
Et en l'examinant et le tenant entre mes
mains, je voyais même des croix se former !...

J'aperçus en outre quantité d'autres
signes de toute nature sur la tapisserie de
ma chambre. Si bien que nous décidâmes
de la changer pour nous rendre compte,
mes parents et moi, si de tels faits se repro-
duiraient. Ils ne tardèrent pas à se renou-

veler pareils à un tranchet qui eût coupé le papier.

Un réveil fut aussi, en plein jour, soulevé par une main invisible et replacé sens dessus dessous, au même endroit. Ces manifestations m'amenèrent à rechercher les mystères dévoilés dans ce livre.

Je pourrais citer maints et maints autres faits qui ne sont provoqués, je m'empresse de le dire, que par les mauvais esprits ; mais je me bornerai à vous en décrire un dernier qui ne pourra jamais s'effacer de ma mémoire.

Une fois, vers minuit, une main mystérieuse ouvrit nos écuries en faisant sortir un mouton qui se trouva le lendemain matin au milieu de la cour parmi les chiens ; ces derniers, pendant la nuit, ne cessèrent d'aboyer, et en prêtant bien l'oreille j'entendis marcher, monter l'escalier, ouvrir les portes et quelqu'un venir jusqu'auprès de la mienne. A ce moment, une voix s'éleva, mais croyant qu'elle provenait d'une personne de la maison,

je n'y attachai pas grande importance,
quand, ô terreur! un hurlement terrible,
formidable, se répercuta, comme la plainte
fortement accentuée de quelqu'un qui
aurait eu un pardon à demander.

Certainement cet esprit était soumis à
la torture des damnés!.....

Les souffrances inexplicables que j'en-
durai les quinze jours suivants furent telles
qu'encore aujourd'hui, en me les rappelant,
j'en frémis.

Ce n'était pas tout. Je sentis à un moment
donné une étreinte qui secoua toute ma
personne et ces mots textuels furent pro-
noncés : « Si tu ne veux pas te charger de
mes peines en priant et en expiant le mal
que j'ai fait sur terre, dans trois jours, tout
espoir sera perdu pour moi ; je serai condamné à la souffrance éternelle. »

Alors je pris un engagement envers cet
esprit impur qui me déchargea ses peines ;
mais, si toutes les obsessions cessèrent
comme par enchantement, les ennuis et les
tribulations de toutes sortes commencè-

rent pour moi, et sans espoir de fin !.....

Un autre fait des plus remarquables et des plus saisissants se produisit, y a quelque temps, mais celui-ci, concernant, par son témoignage, l'immortalité de l'âme.

Une femme très pieuse vivait dans mon voisinage.

Après avoir apprécié mes œuvres, elle prit en moi une grande confiance.

Étant sur le point de voir mourir sa fille unique, elle espérait que mon intervention auprès de Dieu pourrait empêcher une telle catastrophe. Elle craignait aussi de la voir trépasser sans les secours de la religion chrétienne, attendu qu'elle n'était mariée que civilement et que ses deux enfants n'avaient pas reçu le sacrement du baptême. Son mari avait fait des études en vue de se vouer au sacerdoce de la sainte Église, mais il avait depuis nombre d'années perdu complètement toute foi et toute croyance en Dieu, si bien qu'il ne voulait pas entendre parler de religieuses, ni laisser pénétrer de prêtre, sous aucun

prétexte, auprès du lit de sa femme mourante, craignant de lui faire peur.

Pourtant, l'affliction de cette mère désolée me toucha profondément, et je réso-
lus de tenter quelque chose s'il en était
encore temps.

Je me rendis, trois jours avant sa mort,
à l'église, et offrit un cierge au Souverain
Maître en lui recommandant cette créature
mourante, ouvrage de ses mains, lui
exposant sa détresse, le suppliant de la
prendre auprès de lui, de l'inspirer et de
l'encourager à demander elle-même un
prêtre, lui suggérant de réclamer sans
cesse les secours de la religion ; en un
mot, faire un vrai miracle, afin que je
puisse voir si mes visions et mes inspirations venaient véritablement de Lui.

A peine mes prières furent-elles termi-
nées que la malade commença à demander
lés sacrements en disant : « Je sens que
je vais mourir. » Elle reçut la même nuit
l'extrême-onction, s'unissant ainsi à ce
Maître plein de clémence.

Pourtant, demandant encore à chaque instant le prêtre, celui-ci fut obligé de revenir trois fois différentes ; mais elle était heureuse, et disait : « Je n'ai plus peur de mourir, prenez-moi mon Sauveur, je vous appartiens. »

Elle voulut voir et bénir ses enfants et leur ordonna, au nom du Tout-Puissant, de prier pour elle, de faire leurs devoirs envers Dieu et leur prochain, et après sa mort, de demander le sacrement du baptême.

A différentes reprises, elle voulut embrasser le crucifix, le suppliant de la délivrer ; ses dernières paroles furent : « Dieu, pardonnez-moi comme je pardonne moi-même à tous mes ennemis. »

Ce récit n'est pourtant pas un conte arrangé et préparé ; il est le résultat de faits déroulés sous mes yeux et sous ceux de personnes vivantes à l'heure qu'il est, et pouvant témoigner de la vérité. Il n'est pas non plus le fait du hasard, puisque cette personne était malade depuis de longues années, se sentant bien mourir à chaque instant, et ne conservant pas moins son idée première de libre-penseuse. Elle s'en allait de la poitrine à 28 ans, après onze années de mariage.

Comment admettre et croire que le troisième jour après sa mort elle embellissait ne se décomposant nullement, et ne laissant pas échapper la plus petite odeur qu'exhalent ordinairement les cadavres, au moment de leur mise en bière!

Comment se fit-il qu'elle ouvrit les yeux, en présence des deux croque-morts, du commissaire des pompes funèbres, du mari et de sa mère? Cette dernière, en effet, s'étant encore précipitée pour l'embrasser une dernière fois, le mari, à ce moment, s'écria tout naturellement :

« Oh! chère femme, tu veux donc encore me regarder une fois avant de me quitter pour toujours. »

Et tout le monde présent constata qu'elle avait ouvert et refermé les yeux.

Comment, oui, comment expliquer ce miracle ?

Est-ce possible que les morts puissent animer un corps rigide ?

Voilà certainement un sujet donnant lieu à de grandes et profondes réflexions !... Et voilà une fois de plus, démontrer la preuve vivante de l'immortalité de notre âme.

N'est-ce pas merveilleux que ce pouvoir du Créateur qui voulut laisser un doux sourire sur ce visage de cire, d'une blancheur immaculée, en lui donnai. l'expression du sommeil naturel !...

Cet événement prouve clairen nt que l'âme reste auprès de son corps ; e voit tout ce qui se passe en lui jusqu'a moment de sa sépulture.

Et comment expliquer le phénon ne qui anima ces paupières, — qui une is closes ne doivent pourtant plus s'ouvri , — si ce n'est en l'attribuant à la puissanc de la flamme de feu ! C'est donc bien réel que son âme veillait auprès d'elle ; mais

celle-ci était heureuse, puisque la ten-
dresse se figeait sur ce visage froid, inerte.

Hélas ! libres-penseurs, quand vous
écrierez-vous bien haut : « Je suis animé
par le feu du ciel ; la rosée du matin calme
ma soif ; mon âme est immortelle et je
crois que la prière est une action douce et
salutaire qui porte ses fruits au moment
du trépas et qu'elle aide certainement à
compléter le poids manquant à la balance
qui réclame sa part de justice. »

Ce jour-là, vous commencerez à gagner
la place que l'Éternel réserve à tous ses
enfants l'ayant aimé et servi constamment dans cette vallée de misères !

Les Peuplades aériennes

Y A-T-IL véritablement dans l'espace aérien des habitations où peuvent vivre des êtres, qu'on peut appeler interplanétaires, c'est-à-dire nés d'un astre différent du nôtre, qui est la lune?

Ces êtres subissent-ils le même sort que nous, ou bien leur existence sera-t-elle perpétuelle en ces espaces éthérés, sans besoin matériel d'aucune sorte ?

Remarquez, comme nous sommes obligés, nous autres habitants terrestres, d'avoir recours aux aliments grossiers, pour continuer le combat perpétuel d'une vie toute d'imprévu, mélangée de joie et de tristesse. Notre corps est sans cesse affamé, nous réclamant des substances d'animaux, de minéral, pour pouvoir maintenir en mouvement le fonctionnement d'une vie successive et conserver le plus longtemps possible en bon état un tel corps, qui, malgré tout, vieillit, s'use, s'abat en quelques années d'existence.

Si au moins nous étions complètement rassurés sur le sort qui nous attend après notre mort! Ainsi que de notre gravitation et changement de corps !

Combien d'âmes seraient peut-être sauvées en s'observant et en connaissant le vrai moyen de conquérir la gloire dans un grand au-delà, et en sachant sur quelle branche s'appuyer, sans que celle-ci casse, au moment où son soutien est le plus nécessaire.

C'est bien l'incertain qui fait commettre le meurtre, qui pousse à l'intrigue, à l'égoïsme et à toutes les autres vilenies, réduisant l'homme au-dessous de toute conception humaine.

Il est évident que la nature se plaît à engendrer des légions de peuplades différentes les unes des autres, en les multipliant incessamment, ressemblant et devenant ensuite comme les anneaux reliés d'une chaîne, qui traverse les espaces.

Il est donc certain que l'espace éthérée est plus peuplée que la terre sur laquelle nous vivons, puisque la nature aime la multiplication de ses habitants.

Ces espaces sont en quelque sorte des points de mire et ont une ressemblance avec notre vie future.

En cherchant à approfondir ces mystères, un jour où j'étais absorbée par une multitude d'observations, je pus sonder en quelques secondes cet espace aérien, si lointain et profond qu'il puisse nous apparaître.

Eh bien, cet air que nous respirons, que nous buvons à pleins poumons avec ardeur, et qui fait en quelque sorte les délices de notre vie, est plus peuplé que les autres régions habitées et connues de nous tous.

Cette vision me permit de percer ce voile épais qui nous cache en partie des mystères si merveilleux.

J'aperçus des petites maisonnettes, grandes comme une fleur qui s'épanouit, et laisse échapper la suavité d'un parfum délicieux.

Les habitants m'apparurent grands comme des minuscules. C'était d'une curiosité remarquable.

Il existe dans ce lieu enchanteur un remue-ménage indescriptible ; le tout est fait avec une vitesse vertigineuse. On croirait assister à un concert perpétuel, la joie règne et déborde à chaque instant.

Plus loin, çà et là, j'apercevais l'éclat des couleurs si variées que laisse échapper le merveilleux cadre qui entoure de telles demeures.

J'étais tellement émerveillée que j'aurais crié au sublime si j'avais pu associer un autre regard au mien, mais, hélas ! pour voir et contempler ces beautés, ne faut-il réellement pas être doué d'un don, connu sous le nom de la « double vue » ?

Sont-ce là des êtres simplement élémen-

taires qui peuplent ces immenses espaces
éthérés, qu'on appelle incubes, c'est-
à-dire esprits encore imparfaits qui vivent
avant leur naissance et qui participent en
harmonie avec l'influence astrale, en sup-
posant qu'ils s'engendrent à tour de rôle
dans la nouvelle lune pour poursuivre cette
route en traversant la terre, et atteindre
enfin le soleil ?

Ou bien encore sont-ils simplement des
êtres trépassés qui n'ont pu se purifier
suffisamment de la matière terrestre, et
sont pour cette raison condamnés à une
expiation, en attendant une nouvelle réincarnation qui puisse les délivrer des fautes
commises pendant leur vie passée ?

En tous cas, il est bien certain que
tout ce qui vit dans l'espace matériel n'est
pas purifié suffisamment, et que pour cette
raison les âmes trépassées sont soumises
à d'autres épreuves qui leur permettront
d'être un jour délivrées, à moins qu'elles
ne soient précipitées pour toujours dans
les supplices des esprits damnés.

Quelles que soient les conditions et la forme du lieu qui nous est réservé par notre propre destinée, la perfection commence seulement sur la deuxième terre, après avoir franchi l'espace où il n'y a plus d'air, où plus rien ne vit.

Elle ne fait que commencer, car les âmes qui vivent en cet endroit sont encore soumises à la souffrance et aux besoins incessants jusqu'à l'achèvement de leur parfaite pureté. Les supplices ne cessent qu'au moment où elles sont appelées à quitter difinitivement cette terre.

Tout démontre donc que les peuplades habitant ces espaces aériens sont impures. Ces âmes sont en quelque sorte remplies de fautes écrasantes, et j'aurais presque la tendance, sinon la certitude de croire, que ces êtres sont des suppliciés, subissant les plus mauvais sorts que la nature puisse réserver aux déclassés.

Cherchant par tous les moyens à s'élever au rang des élus, ils sont constam-

ment classés, combattus et repoussés jusqu'à parfaite blancheur d'âme.

C'est donc le liquide et la flamme qu'ils
devraient posséder au moment du grand
voyage, qui leur fait défaut.

Nous devons l'amasser pendant notre
vie terrestre, afin d'être éclairés pendant
les ténèbres et délivrés à jamais de pareils
supplices.

Nulle traversée, sans cela, n'est possible !...

La vertu des âmes pures est un pesant
fardeau pour de tels êtres; elle leur ins-
pire une rage et une jalousie sans bornes.
C'est alors qu'ils cherchent traîtreusement
à nous exciter contre le bien et nous font
commettre des actes à jamais regret-
tables.

Les âmes d'élite sont bien à plaindre,
si de tels êtres s'acharnent après elles.
Quelles luttes et quelles tribulations elles
ont à endurer !

Ce qui prouve que nous ne sommes pas
obligés de croire que tout le mal nous est

envoyé de Dieu à titre d'épreuve. Comment une telle chose serait-elle admissible en envisageant et en approfondissant la parfaite clémence de notre Créateur pour tous ceux qui se confient à lui ?

Non, nous souffrons injustement, parfois à cause précisément de ces êtres intermédiaires qui espèrent se sauver, ou souffrir moins, en déchargeant sur nous le trop-plein de leurs malheurs.

Pourquoi ordinairement les bons sur terre ont-ils plus d'injustices à supporter que les méchants ?

C'est parce que deux puissances — le bien et le mal — luttent sans cesse l'une contre l'autre, semblables à deux tempêtes déchaînées en même temps et sur deux endroits différents, qui voudraient s'arracher et avoir la même proie.

Voilà la cause principale de nos maux.

Il faut être fort par-dessus tout contre le malin esprit d'un noir horrible, et dont la seule vue fait frissonner d'effroi et d'épouvante. Il nous tend des embûches

continuelles, son espoir et son désir étant
de pouvoir nous empêcher de franchir cet
espace plein de dangers.

Il vaudrait donc mieux, à mon avis, que
nous nous mettions, dorénavant, ardem-
ment à prier un peu chaque jour pour les
morts, afin qu'ils' puissent ainsi obtenir
l'indulgence et la délivrance de leur triste
état.

Du reste, ne voyons-nous pas, sitôt l'in-
vocation faite par un spirite, apparaître,
par une manifestation quelconque, l'esprit
invoqué ?

Ce qui prouve bien qu'ils vivent et se
trouvent parmi nous.

Seulement j'estime que c'est une catégorie de mauvais esprits, attendu qu'il
nous font croire, d'après leurs communi-
cations, qu'ils ne voient jamais Dieu.

Ce qui n'est plus admissible après tout
ce qu'il m'a été donné de connaître.

Les Supplices des esprits damnés

On a déjà beaucoup cherché à pénétrer le mystère des supplices qui sont infligés aux âmes damnées pour avoir commis le mal sur terre envers leur Créateur et à l'égard de leurs semblables.

On nous dépeint généralement le lieu où elles sont condamnées à séjourner perpétuellement, comme étant rempli d'un feu des plus ardents qui ronge leurs âmes impures sans jamais les consumer pendant toute l'éternité !..

Le feu leur serait assurément à souhaiter, puisqu'il donne une clarté, une lumière qui n'existent plus pour les âmes destinées à souffrir toujours, sans espoir de fin, ou de pitié.

Naturellement on peut se demander :

Mais comment peut-on savoir ce qui se passe dans l'enfer ?

Personne n'est jamais revenu nous raconter ce qu'il renferme de terrible ?

J'expliquerai pourtant un peu plus loin le vrai sort et les supplices réels dévolus à ces esprits.

Nous possédons aussi le jeu astronomique qui peut nous guider et nous aider à déchiffrer tous les mystères, sans exception même, si bien que nous pourrions arriver à pénétrer le fonctionnement terrestre et éternel.

On remarque dans le firmament, comme signes principaux et caractéristiques : le râteau, les trois étoiles, la croix et autour de ceux-ci des milliards d'autres étoiles, qui sont appelées, par leur influence, à présager tous les événements.

Ces signes sont absolument l'emblème de notre existence perpétuelle, et où la destinée de chacun de nous se trouve écrite.

Notre vie, pour qu'elle soit des plus mou-

vementées, des plus pauvres ou des plus
riches, dépend uniquement de l'éloignement
ou du rapprochement de notre étoile auprès de bons ou mauvais présages.

Les âmes d'élite ont généralement leur
étoile auprès de présages funestes, tels
que la croix ou le râteau. Elles expient
pour cette raison leurs fautes et subissent
leurs épreuves en ce monde ; tandis que
les êtres heureux et riches sont conçus
sous l'influence triple des bonnes étoiles,
et comme la distance de la route à parcourir est très éloignée, avant qu'ils puissent
atteindre le niveau des mauvais présages,
il arrive très souvent que le temps ne
leur est pas accordé avant leur mort d'ex-
pier sur terre leurs fautes. L'heure du
trépas arrive avant d'avoir fini le bon chemin qui conduisait à celui de souffrances
et d'épreuves.

Mais aussi la lumière éclatante, immor
telle qui les frappe en arrivant devant leur
Juge, les fait souffrir énormément, car ils
aperçoivent alors tout ce qui leur est réser-

vé d'endurer pour se purifier et atteindre
le repos éternel.

Nous sommes donc obligés, en réfléchis-
chant bien, de reconnaître que tout ce qui
nous arrive est prévu d'avance.

Enfin me voici arrivée au sort réservé
aux suppliciés : aussitôt après leur trépas,
en arrivant devant l'Être Suprême de la
création, et pendant le jugement, un esprit
s'acharne après l'âme pour la soumettre
à une torture sans égale.

Le premier supplice est semblable à
la plus grande douleur qu'on puisse endurer sur terre ; les esprits damnés ne dis-
continuant pas de crier d'une manière
terrifiante.

D'autres supplices existent, dépassant
encore des milliers de fois le premier.

On leur montre toutes les richesses pos-
sédées ; on leur dépeint le bien-être dont
ils étaient environnés ; les joies, les plaisirs, les étapes parcourus et ils se voient,
en même temps, comme arracher leurs
habits ; jeter à terre pèle-mêle tout le bien

qu'ils possédaient et écraser sous les pieds tout le luxe, tous les objets inutiles auxquels ils tenaient particulièrement.

A ce moment les âmes impures se trouvent comme revêtues de leur existence terrestre, et ressentent tous les besoins matériels, sans lesquels il n'est pas possible de vivre.

C'est alors que le calvaire commence, insurmontable et douloureux au dernier degré.

Réduites à la nudité la plus complète, elles voient le couteau prêt à mettre en lambeau leur chair; la plus petite place n'est pas épargnée; tous leurs os craquent et se brisent...

Ce supplice terminé, elles sont forcées, malgré une souffrance sans égale, de commencer une course effrénée à travers la terre. Alors des mauvais esprits en quantité multiple s'acharnent encore après elles pour les débarrasser de toutes traces corporelles. La chevelure surtout n'est pas épargnée.

Enfin cette course ne s'achève que lorsque le corps est devenu en état de minuscule des plus infimes, et quand celui-ci
n'est plus que le simulacre d'un fantôme
ne possédant plus qu'un petit front et un
œil au milieu, où se tiennent toute l'intelligence et la force.

Les bras, les oreilles et la bouche sont
complètement arrachés. La poitrine, le
ventre et les pieds seuls restent visibles.

Voilà l'état monstrueux des âmes qui
auront torturé les humbles en ce bas
monde !...

Beaucoup d'entre celles-ci ne peuvent
pas survivre à de pareilles tortures et sont
anéanties pour toujours dans ces premières
épreuves ; mais celles qui peuvent monter
quelques marches de l'angle du signe astral et possédent un peu du liquide qui les
aide à supporter ces douleurs, sont élevées
sur la deuxième terre, après un temps
voulu, et retrouvent l'air et la lumière.

D'autres, celles qui n'ont pas succombé
à tous ces maux infligés, doivent continuer

leur route épineuse pendant des siècles.
Toutefois, une période de calme envahit
les esprits après de si longues années de
tortures et il laisse un peu de repos à
ces âmes qui habitent enfin un endroit où
l'air est un peu purifié.

Elles sont alors mises dans la balance
et forcées de recommencer une autre
route, ressemblant à une autre vie terrestre. Une réincarnation en somme
s'opère, mais dans un corps plus beau.

L'ascenseur les attend et réapparaissent
les esprits qui les avaient dépouillées de
tous leurs biens. Ils cherchent encore à
enlever cette fois tout ce qui peut rester de
matière, et le combat suivant se déclare :

Deux esprits mesurent leur puissance
et leur force.

L'âme suppliciée paraît à chaque instant vaincre son adversaire qui simule la
chute et se plaît à perdre la bataille.

Pendant cette lutte, le noir protecteur
ouvre une porte pour faire entrer en lieu
sûr son âme protégée ; mais hélas ! peine

perdue et vains efforts. A peine la clef
a-t-elle tourné dans la serrure que l'esprit,
ayant fait semblant d'être vaincu, revient
d'en haut déclarer la guerre, accompagné
d'une armée formidable.

Ils assiègent la maison du démon, et à
ce moment-là l'âme perdue voit apparaître, avec épouvante, du haut d'une
certaine fenêtre, ses adversaires qu'elle
ne pourra pas vaincre cette fois. C'est la
damnation éternelle.

On lui fait entrevoir le paradis perdu,
tout en lui passant une corde au cou. Des
crochets d'acier sont plantés dans un
ascenseur. C'est le râteau, la plus cruelle
torture qui s'accomplisse envers l'âme la
plus indigne de tout secours.

Cet ascenseur est trop étroit pour qu'elle
puisse faire le moindre mouvement et
atténuer un peu la souffrance qu'elle y
ressent. Les pointes meurtrières lui arra-
chent des cris incessants.

C'est une roue qui tourne en enfonçant
à chaque tour ses lames dans le corps

destiné à subir de pareilles atrocités.

L'âme est toujours précédée de son protecteur qui ne l'abandonne pas, même dans la dernière limite ; il semble tenir un lambeau d'étoffe lui ayant appartenu en ce monde pour l'encourager à subir sa peine.

Enfin l'ascension commence dans ce carré étroit, où il est difficile, pour ne pas dire impossible, de se frayer un tout petit passage ; mais l'âme est tirée, soulevée par la corde qui lui entoure le cou et l'étrangle par moments, si bien qu'elle est achevée, morte avant d'arriver à la moitié de la route.

Voilà le sort des coupables ! Quels supplices et quelles terreurs ! !....

Ah ! si nous voulions être bons, humains secourables les uns envers les autres, sur terre, que de tourments inimaginables ne nous éviterions-nous pas au moment de notre mort ?

Quelques âmes pourtant arrivent à supporter de telles épreuves et finissent ainsi par atteindre le sommet de la deuxième terre où de nouveau l'air existe et la lumière les éclaire, les purifiant de toutes souillures et leur donnant encore une fois forme humaine.

Les supplices de l'enfer sont divisés en quatre catégories :

La première catégorie comprend les moins coupables, qui ont l'aspect de mendiants, avec des boulets aux pieds pendant toute l'éternité; ils reçoivent, malgré tout, quelques secours.

La deuxième catégorie est châtiée par le feu.

La troisième par le glaive.

La quatrième est punie par l'enchaînement dans l'obscurité la plus profonde et condamnée à ressentir la faim et la soif, sans espoir de voir surgir une nouvelle aurore.

Les trois dernières catégories, pas plus la droite que la gauche, ne pourront rompre leur chaîne. Le pire châtiment qui attend l'être dépravé, est celui de ne pas pouvoir ressusciter.

Le Magnétisme et la Magie

ALGRÉ toutes les questions déjà soulevées et discutées au sujet du magnétisme et de la magie, je crois utile d'éclairer encore mes lecteurs sur certains phénomènes particuliers qui se dégagent autour de la puissance du magnétisme, surtout dans le traitement de certaines maladies.

En effet, on peut se demander, et avec raison, quelles sont les causes qui permettent d'obtenir de si heureux résultats dans des cas réputés incurables, parfois même par les plus savants médecins ?

Quelques exemples très simples suffiront pour faire comprendre toute la portée et toute la bonté d'un tel élément.

Regardez l'eau qui est sur le feu ; en se chauffant elle dégage une certaine vapeur et répand une humidité qui s'étend partout.

Eh bien ! le corps humain dégage aussi cette espèce de vapeur, invisible il est vrai, mais prouvée et enseignée par les personnages les plus doctes.

Cependant ce fluide peut être aperçu par le double voyant, et c'est justement ce qui lui permet et lui facilite le moyen de pouvoir lire la pensée et prédire d'une manière exacte l'avenir ; mais comme les phénomènes magnétiques se prêtent très facilement au merveilleux, ils ont été, malheureusement, et le plus souvent, défigurés par la superstition ou exploités par le charlatanisme.

Par conséquent, lorsque ce fluide, au moyen de mouvements, appelés passes, est mis en communication avec la partie malade de la personne qui souffre, il amène insensiblement la circulation égale du sang dans tout le corps, chassant petit à petit, par les pores de la peau, semblable à un courant électrique, tout ce qui embarrasse malencontreusement l'organisme.

Naturellement, telles passes doivent être continuées pendant un certain temps, suivant le caractère et l'ancienneté de la maladie ; mais il est incontestable qu'elles procurent, sinon toujours la guérison complète, au moins une amélioration et un bien-être considérables.

Du reste, comment les maladies contagieuses pourraient-elles ainsi se commuquer si facilement, sans les courants de fluides qui s'unissent mutuellement ?

D'un autre côté, il est certain qu'un être fort en santé, vivant avec un autre moins bien portant, finit à la longue par s'affaiblir ; l'être fort ressemble en effet à un aimant qui attire vers lui la faiblesse, en communiquant une partie de ses forces vitales.

Ces cas ne sont pas rares, tandis que le contraire existe, c'est-à-dire les faibles prenant des forces au contact de l'être fort et ressentant une réaction générale dans tout leur corps.

On constate aussi le courant de fluide de sympathie qui fait que très souvent deux personnes ne s'étant jamais vues, étrangères absolument l'une à l'autre, se regardent en se rencontrant comme si elles se connaissaient de longue date, sentant un penchant instinctif qui les attire réciproquement ; leurs regards et leurs mouvements ont quelque chose d'inexplicable semblant vouloir s'unir, si bien que très souvent des affaires exceptionnelles se concluent, et nombre de mariages et d'affections sincères s'ensuivent.

C'est l'effet de leur fluide vital possédant une attraction mutuelle.

De même, existent les courants de fluide antipathique qui amènent une aversion, une répugnance naturelle et non raisonnée contre une personne quelconque.

Le fluide ou la vapeur qui s'échappe de l'un comme de l'autre n'a point l'attraction suffisante pour pouvoir se plaire.

Il ne faut pas oublier non plus les courants de fluide familial.

Observez, par exemple, un chien pris chez vous pendant l'absence d'un membre de la famille.

Au retour de celui-ci, le chien ne l'ayant jamais vu commence par aboyer fortement; mais en s'approchant, avec son flair sûr et juste, ne craignez rien, il reconnaîtra aisément le fluide et finira par lui lécher la main et lui prodiguer des marques de sympathie.

Je pourrais citer ainsi des cas multiples prouvant la puissance et la force attractive ou répulsive que nous portons en nous, les uns contre les autres.

Un autre phénomène, quelque extraordinaire qu'il puisse paraitre, est néanmoins soumis aux lois naturelles, car la magie qui passe pour être de la sorcellerie, vis-à-vis du plus grand nombre de gens, est pourtant une sœur très proche du magnétisme.

Voici un exemple :

Prenez un verre blanc en cristal uni ; emplissez-le d'eau bien claire et placez-le au milieu d'un papier buvard blanc, de manière à ce que le soleil darde ses rayons sur le papier. Choisissez ensuite une photographie au hasard, ou une image quelconque en la posant et en la tenant sur le bord du verre. Commencez alors, avec force et volonté, des passes en les dirigeant dans ledit verre, et, semblable à l'effet du magnétisme s'opérant sur les personnes, vous pourrez capter l'image qui se reflétera dans les rayons du soleil sur le papier.

Ces phénomènes sont appelés de la sorcellerie, puisque le vrai moyen de les obtenir n'était pas connu. Mais alors la photographie elle-même ne paraîtrait-elle pas un résultat vraiment extraordinaire, si ses procédés n'étaient pas notoires ?

Par contre, de vrais charlatans prétendent montrer dans une glace magique les personnes qui vous sont chères, qui vous

intéressent particulièrement pour des rai-
sons d'intérêt ou des questions de famille.

Ils vous disent complaisamment :

« Tournez le dos à l'opposé de la
lumière. »

Une fois la personne installée, ils lui
mettent entre les mains une glace, soi-
disant magique, et font asseoir cette fois la
personne au beau milieu de la chambre, en
ajoutant : « A présent, fixez bien attentivement et bien sérieusement ; l'esprit
demandé doit apparaître d'ici dix à
quinze minutes au plus tard. »

Enfin, les crédules voient, ou croient
voir plutôt, quoi ? des espèces de têtes,
dans le fameux miroir.

Et le sorcier, d'un air triomphant, s'empresse de dire : « Vous avez bien vu, n'est-
ce pas ? C'était bien exactement l'esprit de
la personne qui vous intéressait ? »

Si on lui répond : « Mais, je n'ai pas pu
distinguer les traits du visage », il ajoutera
qu' « on ne peut réellement faire davantage

et qu'on doit s'estimer heureux d'obtenir
de pareils prodiges ».

En général, toute personne part émerveillée du tour qu'elle prend au sérieux.

Mais, braves gens, vous n'avez donc pas
su découvrir le mysticisme ?

Eh bien! voulez-vous savoir ce que vous
avez tout bonnement vu en réalité? Ni plus,
ni moins que le rond du plafond, qui se
reflète dans le miroir mystique.

Voilà le succès de la magie noire.

Les mystères de la création sont bien
autrement intéressants et dignes en tous
points d'être étudiés et analysés!..... La
nature se plaît en effet à reproduire les
images et les ressemblances de toutes
choses.

Quand il pleut, par exemple, ne voyez-
vous pas votre image se refléter sur l'eau
dans la rue? Que le soleil luise ensuite,
c'est votre ombre qui prendra forme
humaine.

Les nuages mêmes, dans l'espace, forment avec leurs zigzags des dessins repré-

sentant des corps et des figures parfaitement visibles.

Ou bien encore si vous avez des peintures claires dans vos appartements, vous verrez avec surprise se former des dessins comportant formes humaines et concernant votre famille, vos amis, votre entourage en un mot.

Vous pourrez aussi découvrir des signes ayant rapport à votre avenir, et précédant de longues années à l'avance ce qui doit vous arriver de plus remarquable.

La nature accomplit réellement, dans sa simplicité et bonté, des œuvres de merveilles. Et que serait-ce encore, si nous pouvions connaître tout ce qu'elle nous cache ?.....

Ces preuves indéniables sont autant de vérités sur l'immortalité de l'âme et d'autres corps qui nous restent à franchir.

En ce qui concerne ce qu'on est convenu d'appeler « magie », nous sommes donc forcés de constater que c'est un nom donné à une multitude de faits restés inexplicables pour le public et qui nous paraissent impossibles, parce que, justement, nous sommes impuissants à les déchiffrer et à les expliquer comme ils devraient l'être.

Je crois pourtant qu'à présent certains faits cités plus haut démontreront combien la marche des choses est naturelle, car dans la nature, quand on en connaît l'énigme, rien n'est sorcier.

Le Soleil, c'est le Ciel

L E soleil est une source de chaleur et de lumière, il est le principe vivifiant de tous les êtres organisés. La beauté de cet astre et plus encore son immense et bienfaisante influence frappèrent, en tous temps, l'imagination des peuples. Il nous envoie une clarté et une chaleur suffisantes pour nous dégager des pôles glacials qui autrement envahiraient notre terre et finiraient par déterminer un froid général en détruisant tous les habitants de notre planète.

Cet astre est le plus grand qui existe, et nous n'en voyons que la moitié ; car le soleil est ouvert dans son milieu, et deux espaces bien distincts, aérés sont visibles. Les taches solaires proviennent de l'ouverture ; celle-ci est visible selon le mode de son déplacement. Son intérieur ressemble à une voûte semblable à celle qui existe entre notre terre et le firmament, formant un centre ; mais elle est des millions de fois plus considérable que celle que nos savants astronomes prétendent connaître d'après leurs études au moyen du télescope.

Jusqu'ici on a toujours ignoré que le soleil fût habité, en lui en attribuant l'impossibilité à cause de son foyer de feu ardent.

Pourtant un de nos plus grands savants, cité dans l'histoire des peuples, émit la pensée que cet astre devait au contraire être habité, lui attribuant un noyau solide et obscur.

Certainement je puis affirmer qu'il ne reste aucun doute à ce sujet. D'après mes visions et mes inspirations, cet astre existera éternellement ; il est la demeure de notre Maître et de ses élus, le Paradis en somme, auquel nous aurons droit selon notre conduite sur terre.

Les êtres qui y séjournent constamment

sont créés afin qu'ils puissent vivre en état lumineux.

Les moindres rayons, jusqu'à sa surface entière, sont peuplés plus que tout ce qui vit dans la création.

Le soleil, contrairement à ce qu'on croit, n'est pas un astre absolument fixe. Il change de place, se transportant et nageant dans les pôles glacials pour les fondre. Il tourne autour de la terre, mais en restant toujours en haut dans le ciel, et contournant dans son axe ainsi que tout le système planétaire. Son éloignement tend à nous faire supposer qu'il tourne en dessous de la terre.

Le jour et la nuit nous viennent d'après son éloignement ou son rapprochement, car la terre est fixe.

Voici à présent l'aperçu de preuves palpables au sujet d'un événement qui se réalisera avant la fin du monde.

La Vierge est en ce moment en constellation avec le soleil. Ce signe présage la

naissance des êtres divins, enfants en-
voyés de Dieu pour accomplir sa volonté.

Ce phénomène me fut montré de la manière suivante :

Le Seigneur occupait la moitié de la
partie supérieure du côté le plus haut du
soleil, appelé planète Neptune, qui est
une partie du ciel ; son visage était tourné vers celui de la Vierge. Il la regardait
tendrement en souriant. Elle était désolée
d'être séparée de lui et vivait hors de l'astre.
Les bras de Dieu touchaient les extrémi-
tés de sa droite et de sa gauche, et les
pieds, l'autre extrémité. Tout le milieu de
l'astre représentait son sein, symbole de
la grandeur de l'Homme Tout-Puissant qui
créa l'univers.

Je voyais ensuite la Vierge s'approcher
du soleil et du visage du Créateur, en tendant vers lui ses mains jointes et le
suppliant du regard de l'écouter. Ses
mouvements et gestes n'avaient qu'un
but, l'approcher, l'attendrir et être exaucée
dans sa prière.

Enfin le Maître prit compassion de l'ardeur de son désir et daigna abaisser ses regards sur cette créature qui lui est chère, en lui accordant ce qu'elle souhaitait.

C'est à ce moment que l'attraction de la constellation s'opéra. Un enfant d'une beauté éclatante était couché dans le cercle de l'aurore ; sa tête, ses bras et la moitié de son corps se trouvaient dans l'intérieur du soleil. Il souriait délicieusement en tendant ses bras vers son Père céleste qui était ému et attendri à sa vue.

La Vierge semblait attirer à elle le restant de l'enfant, afin que tout le corps entier apparût et se fît jour. C'est avec bonheur qu'elle le reçut.

Ce signe, chers lecteurs, est l'emblème d'un grand événement. Je ne vis qu'un seul enfant dans l'astre. Une seule et unique prophétesse nous sera envoyée sur terre. Il n'y en aura pas d'autres, hormis l'avènement du Christ, et en calculant le peu de distance qui séparait le Maître de la Vierge, l'évènement ne serait pas loin de se réaliser !...

Voici des comparaisons, en ce qui concerne « les Écritures » d'après l'évangile de Saint Jean-Baptiste.

« Au commencement était le Verbe, et le Verbe était en Dieu : en lui était la vie, et la vie était la lumière des hommes. La lumière luit dans les ténèbres, et les ténèbres ne l'ont point comprise.

« Il était dans le monde, et le monde a été fait par lui, et le monde ne l'a point compris. »

Comment peut-t-on expliquer que la vie était vraiment la lumière qui anime les hommes ?

Et que « la lumière luit dans les ténèbres, et elle n'a pas été comprise » ?

Pourtant en examinant les chapitres précédents, en approfondissant bien les choses, on peut découvrir de sublimes vérités :

Le soleil représente le Créateur ; la lune le Saint-Esprit, mère de la création :

ces astres luisent dans les ténèbres. La
victime expiatoire était descendue d'en haut
pour porter la croix et pour éclairer l'humanité par son enseignement qu'il nous
fit parvenir par les apôtres.

Ces trois corps sont en vérité le principe
de toute vie et l'éclat de la plus forte
lumière.

Ce sont eux qui accomplissaient l'œuvre
de la création, mystère invulnérable jusqu'ici : « Le Fils est venu chez lui et les
siens ne l'ont point reçu !... »

Pourquoi cette phrase ? C'est parce que
le sang et la chair sont des substances
qui lui appartiennent et qu'il a données et
versées une première fois, au moment où
tout était encore ténèbres ; et lorsqu'il fut
élevé sur la croix entre les deux larrons,
c'était pour prouver de nouveau qu'il avait
vécu parmi les pécheurs. Il répandit son
sang et l'eau, rendant son dernier souffle
et s'unissant ainsi à ceux-ci dans la mort
pour pouvoir les délivrer. A ce moment il
tendit un bras vers la droite et la gauche,

afin de les secourir, malgré tout, de leurs peines méritées et expira au milieu d'eux, percé de part en part.

Il y avait pourtant un bon larron qui demandait sa grâce au Souverain Maître, il fut exaucé sur-le-champ ; tandis que l'autre qui continuait à blasphémer contre lui, fut jeté dans les ténèbres, là où les crochets d'acier sont en quantité innombrable et pour l'éternité.

Au moment, du reste, où le Christ a expiré sur la Croix pour payer nos iniquités et apaiser la vengeance du Père Céleste et satisfaire les conventions conclues entre les deux puissances « le bien et le mal » et au moment où la terre fut arrosée de sang, le soleil perdit sa lumière. Les souffrances du Fils se propageaient et se ressentaient dans les trois corps divins qui partageaient l'angoisse. L'univers en deuil pleurait son auteur, et les justes apparurent transformés pour rendre témoignage à la vraie lumière.

Le rideau du temple de Jérusalem se

déchira dans toute sa longueur pour indi-
quer la séparation de Dieu et de son
peuple choisi pour être appelé à jouir de
l'héritage destiné à ceux qui auront cru au
vrai Sauveur.

Encore une fois, comment est-il ce ciel ?
Que de suppositions n'a-t-on pas faites à
ce sujet ! Et avec quelle raison cherche-
t-on à savoir comment sera notre corps
dans cet idéal rêvé; quelles seront nos
habitudes d'au-delà et surtout quel est cet
héritage promis après une existence de
périls multiples !... Mystère, toujours
mystère jusqu'ici.

Eh bien ! c'est précisément ce que je
veux encore vous faire connaître et j'espère que vous voudrez bien accorder un
peu d'attention aux révélations qui me
furent faites par la voix divine que j'inter-
rogeai et qui voulut bien me renseigner, en
partie, sur l'existence de cette vie glo-
rieuse.

Ah ! si nous cherchons à amasser des
richesses et des biens de toutes sortes

pendant le nombre si restreint de jours qui nous est dévolu sur terre, où tout est fictif, ne devrions-nous pas tout faire pour chercher à conquérir le bien-être futur pour une vie sans fin ?

Voici l'exemple qui me fut montré, et pour faciliter la compréhension des biens qui nous sont réservés, je le cite textuellement :

Je me vis un jour transportée dans le Ciel où, tout à coup, j'aperçus une dame âgée qui voulait me prendre la main.

Tout en marchant ainsi, nous traversâmes de longs corridors. Elle commença alors par élever la voix et me parla longuement avec une expression divine :

« Oui, me dit-elle à un moment donné, je sais que des richesses immenses te sont réservées ; je ne t'en préciserai pas le chiffre ; personne n'a besoin de savoir au juste la valeur de ton héritage, mais je peux te rappeler une chose :

Te souviens-tu de la guerre de 1870, époque à laquelle la France fut obligée de verser aux Allemands cinq milliards ?

Ce désastre, naturellement, appauvrit la
France pendant des années. Eh bien !
supposons qu'on en enlève vingt fois plus
dans ton trésor, tu t'en apercevras bien
moins qu'elle.

Je sais qu'il y a un meuble dans ta
demeure céleste qui représente cent fois
autant, et beaucoup d'autres richesses
pareilles. »

Et tout en causant, nous arrivâmes
devant une antichambre. Elle ouvrit la
porte d'entrée et s'inclina à demi-taille
devant deux anges gardiens qui se tenaient
devant ma porte « que je reconnaissais
comme si je l'avais habitée jadis ».

« Tu vois, me disait-elle, ta demeure (et
elle me désignait la porte de sa main
droite), elle est occupée par d'autres en ce
moment, la porte est fermée ; mais rap-
pelle-toi bien que c'est par le jeûne souvent répété que tu y entreras. »

Elle me montra ensuite une table, seul
meuble du reste dans cette pièce, et ajouta :

« Voici ta nourriture pour le présent, si tu
veux te contenter, finir tes épreuves et les
endurer patiemment ; je reviendrai bientôt te revoir et tu seras heureuse de m'a-
voir écoutée. »

Elle me salua en souriant et elle disparut
en fermant la porte avec une grosse clef.
Très désenchantée, je me trouvais devant
l'immense porte close de ma future
demeure, avec le regret amer de ne pouvoir pénétrer tout de suite, lorsqu'une
voix de gardien me dit : C'est votre grand'
mère !...

Voici du reste, exactement, le sort qui
nous attend dans ce lieu divin :

Il n'y a plus d'occupations pour personne ; le corps humain est rétabli tel que
nous l'avions, mais transformé dans
l'éclat de la lumière.

Les maisons sont également construites
d'après le modèle, en apparence, de celles
que nous possédons ici-bas.

Il existe une catégorie bien distincte de
grands et petits appartements, qui sont

habités les uns par des êtres ayant amassé beaucoup de richesses célestes, et les autres par des subalternes.

Le corps est agrandi de deux bons tiers, mais tous les organes sont les mêmes.

Ce qu'il y a surtout de remarquable, ce sont les salutations qui se font en s'inclinant gracieusement à demi la taille. Les yeux ont une puissance surprenante ; le visage respire un grand bonheur, le langage est expressif et lent. Tous les mouvements du corps sont prompts comme l'éclair.

La maison de Dieu est meublée et ornée de riches tentures ; chacun est libre de disposer de ses biens comme il l'entend.

Dans ce lieu béni, chose surprenante, on ne considère plus les liens de parenté comme sur terre. Chacun reçoit dans sa maison ses amis et bienfaiteurs terrestres, auxquels il est libre de rendre visite à son tour.

Les âmes célestes reconnaissent pour père Dieu seul.

Lorsqu'on possède un tel corps, le moindre désir exprimé peut accomplir des miracles et le bonheur est sans fin. L'esprit peut se réduire, par sa propre volonté, dans l'état le plus minuscule pour s'agrandir dans sa patrie.

Résumé

JE crois avoir expliqué assez clairement tout ce que j'avais à vous
faire connaître d'intéressant et
d'utile. Permettez-moi néanmoins d'ajouter encore une dernière révélation qui
pourra vous guider d'une façon sûre et
certaine dans la route future.

Les taches solaires qui sans cesse s'ac-
croissent d'une manière inquiétante, pré-
occupent, à juste titre, beaucoup de personnes.

Bien des savants s'interrogent et voudraient en connaître l'énigme. Malheureusement elles sont loin de disparaître, puisque les temps sont à jamais passés; où il
était donné aux yeux des mortels de voir
briller le soleil dans tout son éclat. Ce bel
astre continuera au contraire à nous apparaître rempli de plus en plus de ces taches

noires qui créeront, à un moment donné,
les plus grands troubles atmosphériques.

En effet, je peux vous certifier que la fin
du monde ne sera pas bien éloignée, lorsqu'on verra le soleil s'obscurcir d'une manière presque continue. Vous n'aurez qu'à
regarder au-dessus de vous et le ciel vous
semblera ouvert, tandis que la terre ne
produira plus que des fruits verts.

Aucune récolte n'arrivera plus à maturation ! Et le jour où enfin vous constaterez
qu'il n'émanera de son sein pas plus
de chaleur au mois de Juillet qu'au mois
d'Octobre, préparez-vous, l'heure dernière
ne tardera pas à sonner !

Il sera triste et sombre, à ce moment-là,
comme une âme en peine qui porte le
deuil.

Cherchez alors le fils de l'homme ; il
sera parmi vous avec ses apôtres. Toutes
les vertus des cieux seront dans l'espace
terrestre pour nous aider à soutenir la
dernière bataille.

Le Père Éternel, seul dans le ciel, sem-

blera désolé en assistant à de si terribles
événements !...

C'est alors que la séduction régnera en
maître.

Les bolides, eux aussi, se produisent
plus fréquemment depuis quelque temps ;
on s'y habitue, en les acceptant bientôt
comme des choses très naturelles.

Hélas ! au fur et à mesure que nous
avancerons vers la fin, ils se produiront
d'une façon plus suivie et créeront de véri-
tables ravages dans le monde entier. Des
cataclysmes éclateront de toutes parts
jetant l'humanité dans une peur continue.

Un mot à présent sur les deux sexes,
afin de faire comprendre aux Messieurs,
qui sont si fiers du leur, qu'ils n'ont pourtant
aucun motif de s'enorgueillir pareille-
ment, puisque les esprits qui s'incarnent
n'ont point de sexe, ni les anges non plus.

Les deux sexes ont été créés purement
et simplement parce que la croissance et
la multiplication ont été ordonnées. Les
esprits sont tous au même niveau ; sauf

la séparation existant entre les bons et les mauvais.

Voici encore un autre détail très remarquable.

J'ai entendu bien souvent des personnes dire, soit en plaisantant, soit d'une manière même très sérieuse : Oh ! le bon Dieu est bien trop vieux pour s'occuper de nous.

Savent-ils seulement ce qu'ils disent !...

Du reste, en me suivant vous comprendrez la comparaison que je tiens à vous faire faire par vous-même.

Commençons par votre enfance ; c'étaient les jours favorisés par la Providence ; arrivons à l'âge de 20, de 40 ans, enfin jusqu'à la dernière période de votre vie. Examinez-vous bien ; c'est pourtant vous qui étiez dans ce corps depuis tant de nombres d'années, et les événements, les choses multiples survenus vous paraissent n'être que de hier.

Votre corps a vieilli et votre peau s'est ridée ; mais le même esprit, les mêmes

idées jeunes vous restent, et force vous
est de conclure que de ce côté seul vous
ne changez pas et que vous espérez bien
vivre encore longtemps.

Hélas ! Ce n'est pourtant qu'une route
d'épreuve, relativement bien courte, en
comparaison de celle de l'éternité, qui
ne nous vieillira pas plus pour cela.

Et moi, quand je songe à mon enfance,
je me rappelle qu'à cette époque je me
trouvais aussi vieille qu'aujourd'hui. Si bien
que je me demande parfois si je n'ai pas
existé quelque part en songe, me réveillant
subitement un beau jour ; mais où ai-je
pu bien déjà vivre ?

Voilà l'énigme: un voile couvre le passé ;
mais aussi bien mon esprit, que celui des
autres a existé. Peut-être les uns ayant
vécu sous la forme d'homme, reviennent-
ils une deuxième fois à la vie s'engendrant
dans un corps féminin ; car, en assistant
aux supplices des damnés, j'ai vu une
double route. Le même sort doit être
réservé aux justes.

Notre origine nous vient du Seigneur, comme je l'ai expliqué dans un chapitre spécial.

La vie terrestre n'est donc en réalité qu'une bataille, une lutte entre les deux puissances, et toutes nos souffrances proviennent de l'esprit infernal.

Enfin, après une vie de quelques années, il faut aller vers le Maître qu'on a choisi sur terre. C'est la transformation ! Ne vous paraissent-elles pas frappantes ces révélations et dignes d'être prises en consi-, dération ?

J'espère qu'aucun doute ne s'élèvera plus au sujet de l'immortalité de l'âme. Vous en avez des preuves saisissantes. Encore une fois n'hésitez pas dans votre propre intérêt, et pour votre salut éternel, de choisir la route parsemée d'épines. Elle vous conduira au bonheur sans fin.

Il a été du reste prédit par le Christ, que Dieu parlera ouvertement à l'humanité, par l'esprit de vérité. Profitez-en !

Je conclus en ajoutant que je développerai, en son temps, l'origine de Dieu et des anges, en faisant connaître également le mystère de l'incarnation de ces derniers, et la réincarnation des âmes ayant déjà vécu.

FIN

TABLE DES MATIÈRES

Imprimerie PAUL DUPONT, 4, rue du Bouloi.

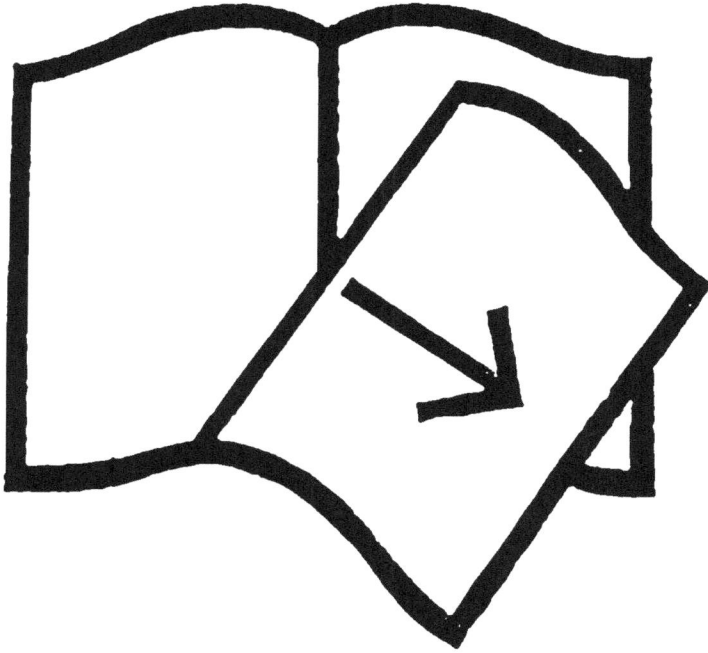

Documents manquants (pages, cahiers...)
NF Z 43-120-13

www.ingramcontent.com/pod-product-compliance
Lightning Source LLC
Chambersburg PA
CBHW070616100426
42744CB00006B/501